# HISTÓRIA MEDIEVAL

## COLEÇÃO HISTÓRIA NA UNIVERSIDADE – TEMAS

Coordenação
Jaime Pinsky e Carla Bassanezi Pinsky

Conselho
João Paulo Pimenta
Marcos Napolitano
Maria Ligia Prado
Pedro Paulo Funari

ESTADOS UNIDOS *Vitor Izecksohn*
GRÉCIA E ROMA *Pedro Paulo Funari*
HISTÓRIA ANTIGA *Norberto Luiz Guarinello*
HISTÓRIA CONTEMPORÂNEA *Luís Edmundo Moraes*
HISTÓRIA CONTEMPORÂNEA 2 *Marcos Napolitano*
HISTÓRIA DA ÁFRICA *José Rivair Macedo*
HISTÓRIA DA AMÉRICA LATINA *Maria Ligia Prado* e *Gabriela Pellegrino*
HISTÓRIA DA ÁSIA *Fernando Pureza*
HISTÓRIA DO BRASIL COLÔNIA *Laima Mesgravis*
HISTÓRIA DO BRASIL CONTEMPORÂNEO *Carlos Fico*
HISTÓRIA DO BRASIL IMPÉRIO *Miriam Dolhnikoff*
HISTÓRIA DO BRASIL REPÚBLICA *Marcos Napolitano*
HISTÓRIA IBÉRICA *Ana Nemi*
HISTÓRIA MEDIEVAL *Marcelo Cândido da Silva*
HISTÓRIA MODERNA *Paulo Miceli*
PRÁTICAS DE PESQUISA EM HISTÓRIA *Tania Regina de Luca*

Proibida a reprodução total ou parcial em qualquer mídia sem a autorização escrita da editora.
Os infratores estão sujeitos às penas da lei.

A Editora não é responsável pelo conteúdo deste livro.
O Autor conhece os fatos narrados, pelos quais é responsável, assim como se responsabiliza pelos juízos emitidos.

Consulte nosso catálogo completo e últimos lançamentos em **www.editoracontexto.com.br**.

Marcelo Cândido da Silva

# HISTÓRIA MEDIEVAL

Coleção
**HISTÓRIA
NA UNIVERSIDADE**

*Copyright* © 2019 do Autor

Todos os direitos desta edição reservados à
Editora Contexto (Editora Pinsky Ltda.)

*Foto de capa*
*Époque du Catharisme. La vie quotidiènne dans l'insouciance*
*de la guerre que prépare Simon de Montfort.* (Anônimo, s. d.)

*Montagem de capa e diagramação*
Gustavo S. Vilas Boas

*Preparação de textos*
Ana Paula Luccisano

*Revisão*
Bruno Rodrigues

Dados Internacionais de Catalogação na Publicação (CIP)

Silva, Marcelo Cândido da
História medieval / Marcelo Cândido da Silva. –
1.ed., 6ª reimpressão. – São Paulo : Contexto, 2025.
160 p. : il. (Coleção História na universidade)

Bibliografia
ISBN 978-85-520-0138-6

1. Idade Média – História I. Título II. Série

19-0502                                        CDD 940.1

Angélica Ilacqua CRB-8/7057

Índice para catálogo sistemático:
1. História medieval

2025

EDITORA CONTEXTO
Diretor editorial: *Jaime Pinsky*

Rua Dr. José Elias, 520 – Alto da Lapa
05083-030 – São Paulo – SP
PABX: (11) 3832 5838
contato@editoracontexto.com.br
www.editoracontexto.com.br

# Sumário

Introdução...................................................................................7

O mundo romano e os reinos bárbaros..............................15

A dominação senhorial............................................................43

Igreja e sociedade....................................................................81

Crises e renovações...............................................................115

A fabricação da Idade Média...............................................137

Leituras complementares.....................................................157

# Introdução

A Idade Média abrange um período de cerca de dez séculos, compreendido entre o final da Antiguidade e o início da época moderna. Essa é uma convenção cronológica, uma forma de ordenar e de classificar o tempo histórico, ao lado da Idade Antiga (ou Antiguidade), da Idade Moderna e da Idade Contemporânea. Os historiadores nunca entraram em consenso sobre os marcos precisos do início e do fim da Idade Média: para uns, seria a queda de Roma, em 476, e a queda de Constantinopla, em 1453; para outros, o Edito de Milão, em 313, e a chegada dos espanhóis à América, em 1492. No entanto, esse período é mais do que uma convenção cronológica. Desde o surgimento do termo, no final do século XIV, não apenas eruditos e historiadores, como também historiadores da arte, filósofos e sociólogos, buscaram identificar as características que diferenciariam "os tempos médios" da Idade Antiga e da Idade Moderna. As divergências nesse ponto são ainda maiores do que na escolha das datas que marcariam o início e o fim do período.

Até os anos 1980, muitos historiadores consideravam a Idade Média o resultado da decadência e da corrupção do legado antigo (instituições, cultura, costumes etc.), da depressão econômica, sendo uma época marcada pela violência sem limites, por perseguições contra aqueles que ousavam desafiar o poder da Igreja, por guerras incessantes, pela penúria, pela fome e também pela peste. Um quadro desolador, que teria como responsáveis, principalmente, os bárbaros e a Igreja. Os primeiros teriam destruído o Império Romano e sua civilização, sem conseguir colocar em seu lugar nada de comparável, seja em termos de organização política e de manutenção da paz, seja em termos de produção artística e literária ou de uma economia capaz de prover condições mínimas de subsistência. O Estado romano e a ordem pública teriam desaparecido, dando lugar a um regime no qual imperava a lei do mais forte (a aristocracia). A cultura literária teria regredido, da mesma forma que a vida material. Por falta de insumos, de inovações técnicas e de mão de obra, a agricultura medieval não conseguiu alimentar a população, gerando fomes constantes. O comércio e a vida urbana teriam praticamente cessado, fazendo da Europa medieval um mundo fechado às grandes rotas comerciais, situação que só teria se alterado, e mesmo assim de forma limitada, entre os séculos XI e XIII, antes de entrar em colapso devido às guerras, à fome e, sobretudo, à peste. A Igreja, a instituição dominante durante toda a Idade Média, exerceu grande controle sobre todos os campos da vida social, a ponto de sufocar a brilhante cultura clássica – além do próprio comércio, por meio da condenação da usura – e censurar as artes e todas as formas de expressão e de pensamento dissidentes. De acordo com esse ponto de vista, a época moderna teria libertado os homens da depressão econômica, por meio da expansão marítima e comercial, e da tirania da Igreja, da superstição e da barbárie, por intermédio do avanço da razão e do restabelecimento dos laços com a cultura antiga.

Nas últimas três décadas, nosso conhecimento sobre o período medieval mudou de maneira significativa. Mostraremos, no capítulo "O mundo romano e os reinos bárbaros", como a deposição do último imperador romano do Ocidente, em 476, não significou o fim da influência das tradições e das instituições romanas, da mesma forma que o final da Antiguidade não trouxe consigo a regressão da vida econômica ou o desaparecimento do Estado e das atividades comerciais. Os povos bárbaros não conquistaram o Império, mas se integraram ao mundo romano, tanto pela violência quanto por acordos pacíficos. É por isso que a expressão "invasões bárbaras" caiu em desuso, tendo sido substituída por "migrações bárbaras". Igualmente, caiu por terra a ideia de que os bárbaros, por um lado, e os romanos, por outro, constituíam duas entidades étnicas e sistematicamente opostas. Veremos, nos capítulos "O mundo romano e os reinos bárbaros" e "A fabricação da Idade Média", que essa oposição é uma criação dos nacionalismos do século XIX. Os reinos bárbaros mantiveram o latim como a sua língua oficial, assim como preservaram as instituições e as leis criadas no Império Romano tardio. Se não se pode negar a repressão a todas as formas de divergências doutrinária, filosófica e política que marcaram e criaram as condições para a afirmação do poder da Igreja, é preciso reconhecer que a Idade Média foi também uma época de expansão geográfica, política, econômica e cultural. Abordaremos esse assunto no capítulo "Igreja e sociedade". O cristianismo, além de ferramenta eficaz de integração (muitas vezes forçada) dos bárbaros, serviu como vetor da expansão do mundo latino para além das fronteiras do antigo Império Romano do Ocidente. Apesar da perda de quase toda a península ibérica para os muçulmanos, no início do século VIII, a cristianização da Germânia, da Escandinávia, das ilhas Britânicas, da Boêmia, da Polônia, da Hungria e da Croácia integrou novos territórios àquilo que se convencionou chamar de Cristandade. As cruzadas, a partir do século XI, fundadas na ideia de guerra praticada em nome de Deus, foram um segundo momento dessa expansão, tendo conduzido à formação de reinos latinos no Oriente Médio. Embora de curta existência, esses reinos mostraram a capacidade de as elites medievais se projetarem militar e politicamente para o outro lado do Mediterrâneo, em oposição aos Estados muçulmanos. A península ibérica

# 10 HISTÓRIA MEDIEVAL

foi outro palco importante desse enfrentamento, encerrado em 1492, com a queda do último bastião muçulmano na Europa Ocidental, o Emirado de Granada. No entanto, as relações entre cristãos e muçulmanos durante o período medieval não se caracterizaram apenas pelos conflitos bélicos. O Mediterrâneo funcionou igualmente como um espaço de contatos culturais e de trocas comerciais entre cristãos, judeus e muçulmanos.

Essas trocas foram sustentadas por expansões demográfica e econômica iniciadas durante a época carolíngia, no século VIII, e aceleradas entre os séculos XI e XIII. A agricultura dos tempos medievais foi capaz de produzir excedentes que alimentaram grandes circuitos comerciais, tanto no Mediterrâneo quanto no norte da Europa, e que foram também responsáveis pelo desenvolvimento urbano dos séculos XI, XII e XIII. Analisaremos, no capítulo "A dominação senhorial", como a dinâmica das sociedades e da economia urbana foi sustentada pelos investimentos maciços feitos pela aristocracia rural, tanto nas atividades comerciais e fabris quanto na construção civil. A desaprovação da usura por parte da Igreja não significou uma condenação da riqueza, do lucro e das práticas comerciais. Desde a Alta Idade Média, por exemplo, os mosteiros se afirmaram como centros de produção artesanal e agrícola. Além do mais, a literatura eclesiástica do período está repleta de exemplos de reflexões sobre o bom uso das riquezas e de seu papel na salvação daqueles que as detinham. Os excedentes agrícolas, no entanto, não foram suficientes para evitar as sucessivas crises alimentares. Entre os séculos VIII e XIII, houve, no Ocidente europeu, uma crise alimentar a cada sete anos, em média. A fome pôde conviver com a abundância das colheitas na medida em que as sociedades medievais eram profundamente desiguais e hierarquizadas, e uma vez que parte dos camponeses estava submetida a uma pressão senhorial cada vez mais intensa, que extraía deles trabalho e excedente agrícola. É importante lembrar também que essas crises alimentares já existiam na época antiga e permaneceram um fenômeno recorrente da história europeia até pelo menos o século XVIII. Finalmente, a repressão e a censura, promovidas tanto pela Igreja quanto pelas monarquias em vias de centralização, não impediram o florescimento da literatura e das artes. Um bom exemplo foi o advento das universidades, uma criação tipicamente medieval: no final do século XV, havia cerca de

INTRODUÇÃO    *11*

60 desses estabelecimentos na Europa Ocidental. O próprio Renascimento teve início na Itália do final da Idade Média, o que mostra que esse período reuniu as condições necessárias para o florescimento cultural que, de forma equivocada, é atribuído apenas à época moderna. Pode-se observar o mesmo no que diz respeito à expansão europeia. Foi o crescimento econômico ocorrido a partir do século XI que permitiu aos Estados europeus, apesar da peste no século XIV, como veremos no capítulo "Crises e renovações", se lançarem à conquista do Novo Mundo.

Desde o final do século XIX até os dias atuais, foram descobertos alguns poucos manuscritos do período medieval, nada que possa explicar a mudança de perspectiva que resumimos anteriormente. Por outro lado, as escavações arqueológicas, realizadas a partir dos anos 1950, trouxeram muitas novidades àquilo que até então sabíamos sobre as sociedades medievais, especialmente no que se refere à organização do espaço e às práticas funerárias, como veremos ao longo deste livro. Essa "Nova Idade Média" é, também, fruto dos novos métodos de análise dos materiais disponíveis (manuscritos, túmulos, utensílios, construções etc.), consagrados a partir da emergência da chamada Escola dos Annales. Os historiadores e os arqueólogos de hoje não interrogam os vestígios do passado da mesma forma que faziam seus predecessores do século XIX. Estes últimos estavam preocupados em avaliar a datação, a autoria e a veracidade dos documentos escritos. Desde o final da Segunda Guerra Mundial e, com mais intensidade, a partir dos anos 1960, os historiadores ficaram mais atentos às razões da escrita, àquilo que estava por trás das intenções dos autores dos manuscritos, bem como ao lugar social desses autores, aos modelos ideológicos que os inspiravam etc. As informações extraídas desses textos têm sido sistematicamente confrontadas com a análise dos vestígios da cultura material do período, com os dados sobre o clima e sobre o meio ambiente, entre outros. Há um esforço para buscar em outras disciplinas, como a Arqueologia, a Antropologia, a Economia, a Sociologia e a Climatologia, novos procedimentos que possam contribuir para o estudo das sociedades medievais.

Em que pesem todas essas mudanças na maneira de fazer História, não podemos deixar de considerar o papel fundamental desempenhado pelos historiadores do século XIX e do início do século XX na sistematização

12    HISTÓRIA MEDIEVAL

e na edição das fontes escritas do período medieval. O aparato crítico que eles elaboraram para lidar com essas fontes foi crucial para a emergência da História como disciplina científica, na segunda metade do século XX. Acrescente-se ainda que algumas interrogações permanecem as mesmas desde que a expressão "Idade Média" foi utilizada pela primeira vez: os especialistas do período medieval continuam a se perguntar sobre quais seriam os aspectos originais das sociedades entre os séculos V e XV. Se, por um lado, não se aceita mais a ideia de decadência e de regressão, por outro, dizer que a Idade Média foi o berço da Modernidade não nos ajuda realmente a entender a sua especificidade. De fato, as sociedades desse período possuíam características originais, que as diferenciam tanto daquelas que existiram durante a Antiguidade quanto das que se formaram a partir do advento da Modernidade.

Em primeiro lugar, foi no período medieval que assistimos ao advento da ideia de Cristandade que, pela primeira vez na história, fez com que os habitantes de uma região vasta, que ia da Escócia à península ibérica, da Gália ao leste da Europa, passando pela Escandinávia e pelos Bálcãs, se sentissem membros de uma mesma comunidade, apesar de suas inúmeras diferenças culturais, políticas etc. Tratava-se, sobretudo, de uma comunidade cuja realização suprema ocorreria após o Juízo Final. Mas a necessidade de preparar a salvação de todos produziu um grande número de regras, de ritos e de práticas sociais que ajudaram a moldar traços comuns nessas regiões tão díspares e distantes entre si. A Igreja foi o grande artífice da construção dessa comunidade de fiéis, por meio, sem dúvida, da adoção de disciplina e de regras estritas, e mesmo da repressão, mas também por meio da promoção de uma cultura que tinha como referências as tradições judaica, grega e romana. O legado da Antiguidade não foi somente conservado em mosteiros e bibliotecas, mas também foi integrado às práticas cotidianas e ajudou a dar forma à Cristandade Ocidental, que a crise do Papado e, sobretudo, a Reforma Protestante, no século XVI, cindiram em dois blocos antagônicos. É isso que a torna a Cristandade Ocidental um fenômeno tipicamente medieval.

O período medieval também foi marcado pelas relações de dominação que se estabeleceram entre os senhores de terras e aqueles que nelas trabalhavam (os camponeses) e mesmo os que habitavam nas proximidades dos centros de poder senhoriais. Essas relações, que chamaremos neste livro de "dominação senhorial", se caracterizavam pelo controle econômico, jurídico, político e militar dos camponeses por parte da aristocracia. Elas também incluíam uma série de obrigações dos senhores de terras em relação a esses camponeses, principalmente defendê-los em face de ameaças externas e arbitrar seus conflitos. Outra importante originalidade do período medieval foi a urbanização. Embora a maior parte da população vivesse no campo, foi durante a Idade Média que o fenômeno urbano tornou-se relevante e que as cidades surgiram como elementos dinâmicos da vida econômica, política e cultural do continente europeu. Nas cidades medievais foram construídas as catedrais, os maiores edifícios da Cristandade, e fundadas suas mais importantes instituições de ensino, as universidades.

Em suma, nem tempo de decadência, nem época de ouro. A Idade Média foi um período de grandes contrastes, em que a fome, a peste e as guerras se alternaram com a paz, a prosperidade e a abundância, e no qual o universalismo do Império e o do Papado conviveram com os particularismos senhoriais e com as monarquias em vias de centralização. São esses contrastes que nos interessarão ao longo deste livro.

# O mundo romano e os reinos bárbaros

A Europa medieval nasceu do mundo romano, ou melhor, das transformações que esse mundo experimentou graças às migrações bárbaras, à difusão do cristianismo, à descentralização do poder político e ao fortalecimento da aristocracia rural. Os bárbaros não conquistaram o Império, eles se assimilaram intensamente à sociedade romana, a ponto de, sob a perspectiva arqueológica, ser muito difícil distingui-los dos romanos, especialmente a partir do século VI. Este capítulo tratará da história dessa integração – para a qual contribuíram o cristianismo e a atração exercida por tradições e instituições romanas – e também da formação dos reinos bárbaros.

O termo "bárbaro" surgiu na Grécia por volta do século VI a.C., designando inicialmente todos os não gregos, aqueles que não falavam a língua grega. A partir das Guerras Médicas, no século V a.C., "barbárie" passou a servir de contraponto à "civilização" (para os gregos, a civilização helênica) – que se caracterizaria pela ordem, pela liberdade e pela autonomia –, enquanto os povos bárbaros (os persas seriam o melhor exemplo) viveriam sob o jugo da desordem, do despotismo e da escravidão. A partir dos séculos III e II a.C., os romanos tomaram a ideia emprestada dos gregos, assim como o sentido negativo que a acompanhava, e incorporaram-se à definição de "civilização", ou seja, os romanos se consideravam parte dos povos civilizados, enquanto os bárbaros seriam todos aqueles que não pertenciam à civilização greco-romana. Mas os autores romanos, diferentemente de seus predecessores gregos, acreditavam que os bárbaros poderiam ser integrados. De fato, as guerras de conquista levadas a cabo desde o final da República conseguiram submeter e romanizar as populações da península ibérica, do norte da África e da Gália. A cidadania romana foi estendida progressivamente, durante a República, aos habitantes da Itália e, no início do século III d.C., a todos os homens livres que habitavam o Império. Ainda que a cidadania plena fosse, de fato, restrita a um conjunto de indivíduos, essa extensão mostra que o pertencimento à civilização romana não dependia da origem étnica, mas da adesão a um conjunto de valores cívicos.

Desde o final do século I d.C., no entanto, os romanos começaram a fazer distinções entre os povos bárbaros: por um lado, aqueles que, como os gauleses, poderiam ser civilizados e, por outro, os irredutíveis germânicos, refratários à romanização. Um conjunto de fortificações e de ocupações (conhecido como *limes*), construídas pelos romanos entre o Reno e o Danúbio, garantia a relativa tranquilidade da fronteira com a Germânia, sobretudo depois que a tentativa de conquista daquela região terminou em uma derrota romana na Batalha da Floresta de Teutoburgo, no ano 9 d.C.

## A INSTALAÇÃO DOS BÁRBAROS NO IMPÉRIO ROMANO (SÉCULOS IV-VI)

Até o século III d.C., os bárbaros não representavam uma ameaça considerável. A situação, porém, alterou-se em boa parte devido à crise política e econômica que atingiram então o mundo romano. Para sustentar o aumento dos gastos da máquina administrativa imperial, ampliada em muito nos anos anteriores, a moeda foi desvalorizada e os impostos aumentados, gerando revoltas. Para completar o quadro de crise, ondas de epidemias sucessivas atingiram a bacia do Mediterrâneo. As legiões, situadas nas províncias, e a guarda pretoriana, estacionada em Roma, emergiram como atores políticos de primeiro plano, instituindo e destituindo imperadores – no ano de 238, por exemplo, Roma teve 6 imperadores. Rebeliões eclodiram nas províncias (a Gália proclamou sua autonomia entre 260 e 274), ao mesmo tempo que a pressão exercida pelo Império Sassânida nas fronteiras orientais levou a sucessivas derrotas dos Exércitos romanos, inclusive com a captura de um imperador – Valeriano (c. 200-260), que morreu no cativeiro –, fato inédito na história romana. Grupos de godos atacaram as províncias da Ásia Menor e dos Bálcãs e, nas fronteiras ocidentais, o *limes* germânico entrou em colapso; grupos de francos e de alamanos atacaram a Gália e o norte da Itália. Na busca de culpados pela situação, a perseguição a alguns grupos religiosos aumentou de forma significativa: aos maniqueus, acusados de simpatia pelo inimigo persa e, sobretudo, aos cristãos (que, por recusarem os sacrifícios aos deuses, eram acusados de atraírem sua ira), pondo em risco a sobrevivência de Roma. A religião, entre os romanos, consistia numa série de ritos, os quais eles acreditavam ser capazes de manter o equilíbrio e a integridade do Império. Ao se recusarem a cumprir tais ritos, os cristãos eram considerados os responsáveis pela situação caótica.

Contudo, o Império Romano sobreviveu. As crises política e econômica foram contornadas desde o final do século III e as fronteiras foram estabilizadas. Os territórios perdidos até então (a Dácia, bem como a região entre o Alto Reno e o Alto Danúbio) não tinham um papel-chave para o Império, como era o caso do Egito, da Síria e da Sicília, que permaneceram relativamente intocados pelas incursões externas. As reformas empreendidas por Diocleciano (244-311) reestruturaram o Exército e estabilizaram as finanças do Império e suas fronteiras. Entretanto, as relações dos romanos com os bárbaros, sobretudo aqueles que habitavam a Germânia, se alteraram de maneira definitiva.

## 18 HISTÓRIA MEDIEVAL

Cada vez mais os imperadores recorreram a tratados para lidar com esses povos. É o caso de Constantino (272-337) que, em 332, após vencer os godos que ocupavam a região do Danúbio, assinou com eles um tratado pelo qual os godos passavam a receber subsídios e o direito de praticar o comércio nas províncias romanas; em troca, comprometiam-se a fornecer soldados ao Império. Seu sucessor, Constante I (c. 323-350), celebrou acordo semelhante com os francos. Roma teve de recorrer cada vez mais aos bárbaros da Germânia para completar os efetivos de suas legiões. Uma das razões para isso está, paradoxalmente, no fato de que, ao estender a todos os homens livres a cidadania romana, o Edito de Caracalla (212) tornou menos atrativa a carreira militar para aqueles que desejavam se integrar à sociedade de Roma; o alistamento no Exército e na Marinha romanos tinha como prêmio, após os anos de serviço obrigatório, a outorga da cidadania romana. As ameaças externas também aumentaram muito as necessidades de alistamento. Os povos bárbaros que habitavam a Germânia foram os grandes beneficiários da necessidade romana de contingentes para o Exército. Essa necessidade fez emergir um novo padrão nas relações entre os bárbaros e os romanos a partir do século III. Contingentes importantes de grupos bárbaros foram instalados dentro das fronteiras do Império. As modalidades de instalação dos bárbaros variavam muito: alguns grupos recebiam o estatuto de tributários, outros ainda tinham o direito de manter sua organização interna, com seus próprios chefes (o chamado regime de "federação"). Havia também aqueles que recebiam o direito de explorar a terra, sob o estrito controle dos funcionários imperiais. Em comum, o fato de que todos os grupos instalados deviam algum tipo de serviço ao Império, sendo o mais frequente entre eles o serviço militar. Chefes bárbaros aliados obtinham títulos (*rex*, por exemplo, uma invenção romana) e honrarias no Exército e na administração imperial. Muitos dos filhos desses chefes eram enviados como reféns à corte imperial e recebiam uma educação romana, que incluía o aprendizado do latim, da retórica e das técnicas administrativas. Um importante fluxo comercial foi estabelecido com mercadores atuando além do *limes*, difundindo o consumo de bens romanos entre as elites bárbaras. Veteranos bárbaros

O MUNDO ROMANO E OS REINOS BÁRBAROS **19**

do Exército romano, quando retornavam para as suas tribos, levavam consigo parte do tesouro acumulado ao longo do serviço militar e das guerras de conquista. Quantidades impressionantes de tesouros monetários romanos seriam descobertas mais tarde pelos arqueólogos, tanto na Germânia quanto na Escandinávia.

Assim, apesar de alguns choques violentos, vários grupos bárbaros foram incorporados com sucesso ao mundo romano. A religião é um dos principais fatores que explicam essa integração bem-sucedida, começando pelo paganismo. O bispo Gregório de Tours (c. 538-594), ao descrever a conversão de Clóvis (c. 466-511), rei dos francos, afirma que, ao aceitar o batismo, ele teria renunciado às seguintes divindades romanas: Saturno, Júpiter, Marte e Mercúrio. A escolha do cristianismo (que era a religião oficial do Império Romano desde o final do século IV) pelas comunidades bárbaras é outro indicador da influência exercida por Roma e da vontade de aliança com esta última que existia entre as elites bárbaras.

Em um primeiro momento, a conversão ao cristianismo atingiu, sobretudo, pequenos grupos de bárbaros. O caso de cristianização mais precoce de que se tem notícia é o de alguns grupos de godos, convertidos ao cristianismo homeiano (que acreditava que o Pai era semelhante ao Filho) graças à ação de Ulfila (c. 311-383), em meados do século IV. Filho de gregos da Capadócia e criado entre os godos, Ulfila foi o principal propagandista do cristianismo entre esse povo, para o qual ele elaborou um alfabeto. No início do século V, burgúndios da região de Worms e suevos da Galícia também se converteram ao cristianismo, mas em sua vertente católica (que sustentava que o Pai e o Filho eram da mesma substância).

O que a conversão ao cristianismo implicava para as populações bárbaras? Em primeiro lugar, significava o aprendizado da língua romana, o latim, mas também a incorporação de uma concepção de História, assim como a adoção de práticas de inumação, a construção de igrejas, alianças com os grupos autóctones, a submissão a ritos e doutrinas, mas sobretudo a um clero que era composto, em sua esmagadora maioria, por membros da antiga aristocracia senatorial romana. Segundo estimativas do historiador alemão Martin Heinzelmann, na Gália do final do século

VII, a esmagadora maioria dos bispos pertenciam a essa aristocracia. A partir do início do século VI, o batismo dos reis bárbaros conduziu ao batismo de comunidades inteiras de bárbaros ao catolicismo, por vezes, com o abandono de uma outra forma de cristianismo, o arianismo. Clóvis e seus francos se converteram pouco depois do ano 500 ao catolicismo; entre 506 e 508 foi a vez de Sigismundo (?-524), rei dos burgúndios; Recaredo (c. 559-601), rei dos visigodos, abandonou o arianismo e converteu-se ao catolicismo em 589. A conversão ao cristianismo, bem como a integração precoce às estruturas políticas e culturais do mundo romano, mostra que a imagem, criada pelos historiadores dos séculos XVIII e XIX, dos bárbaros recém-saídos das florestas da Germânia que destruíram e conquistaram o Império não corresponde ao que se encontra nas fontes escritas e arqueológicas do período.

Muitos dos grupos bárbaros que desempenharam um papel preponderante nos séculos seguintes já estavam instalados no mundo romano há várias gerações. Quando Childerico faleceu, por volta de 481, o bispo Remígio de Reims (c. 437-533) escreveu uma carta a Clóvis, filho de Childerico, na qual afirmava ter tomado conhecimento de que ele havia sucedido seu pai como governador da província romana da Bélgica Segunda, acrescentando: "Tu terás começado por ser aquilo que teus pais sempre foram." Há indícios de que Childerico tenha começado como aliado do Império Romano na Batalha dos Campos Catalúnicos, que levou à derrota de Átila (c. 406-453), o rei dos hunos. Entre os objetos encontrados em seu túmulo, em 1653, havia um "anel sigilar", com seu nome gravado em latim e o título de *rex*. O anel tinha a função de validar documentos oficiais, o que demonstra o exercício de uma função administrativa relevante.

O contato com os romanos foi decisivo na transformação dos povos da Germânia e da Escandinávia. As primeiras iniciativas de centralização política nessas regiões foram o resultado da influência do Império Romano: por exemplo, o título de rei (*rex*), que muitos chefes bárbaros na Germânia e na Escandinávia vieram a adotar, era de origem romana. Assistimos também ao surgimento de alianças de tribos bárbaras nas fronteiras, com o objetivo de se defenderem dos ataques romanos, dando origem a grupos sobre os quais não se tinha notícia antes, como é o caso dos francos, que aparecem citados nas fontes documentais pela primeira vez no século III. Na verdade, esses grupos eram bastante heterogêneos em sua composição, assim como os próprios romanos. Entre os bárbaros dos séculos IV e V, encontramos, inclusive, romanos, desertores, pobres e refugiados políticos, que viam na adesão a esses grupos uma chance de reclassificação social. Como vimos, o Edito de Caracalla havia, desde 212, estendido a cidadania romana a todos os homens livres que viviam no Império. Isso significa que bárbaros e romanos pactuavam com frequência, ao sabor de interesses momentâneos. Da mesma forma, a oposição violenta, que por vezes existiu, refletia as conjunturas e os interesses específicos dos grupos em disputa. Mais importante ainda, desde o momento em que os bárbaros se instalaram nos territórios do Império, a distinção entre eles e os romanos se tornou cada vez mais opaca. Por exemplo, muitos enterros, como o do rei Childerico, mostram que os costumes romanos e os costumes bárbaros se misturaram rapidamente. A oposição entre "romanos" e "germânicos" é uma criação dos historiadores da segunda metade do século XIX e da primeira metade do século XX, e uma forma de buscar, nos primeiros séculos do período medieval, as raízes dos contrastes entre a Alemanha e a França. Ainda hoje movimentos separatistas ou regionalistas na Europa buscam nos bárbaros as bases étnicas a partir das quais se teriam constituído as modernas identidades europeias. Todavia, o que unia esses bárbaros não era uma origem comum, mas o fato de que assim eram chamados pelos romanos, numa classificação tomada emprestada dos gregos, como vimos.

Como a instalação dos grupos de bárbaros no interior do Império nem sempre se deu violentamente, e como esses grupos não constituíam conjuntos étnicos homogêneos, o uso da expressão "invasões bárbaras" não é o mais apropriado para se referir ao fenômeno que observamos no mundo mediterrânico entre os séculos IV e VII. O termo "invasões" supõe, além do mais, a existência de um movimento coordenado, o que não ocorreu. Não havia um centro a partir do qual as ondas de bárbaros entravam de modo coordenado no Império Romano. As formas de instalação no território romano variavam bastante, indo desde o uso da força até o estabelecimento de alianças com Roma; em muitos casos, a violência era uma maneira de obter um acordo. Finalmente, o impacto demográfico das ondas migratórias ao longo dos séculos IV a VII foi pequeno. Os grupos bárbaros não eram numerosos: nenhum deles (à exceção, talvez, dos lombardos) ultrapassava a cifra de 100.000 pessoas, incluindo crianças, escravos, mulheres e idosos. Em muitas regiões da Europa Ocidental, os sinais deixados pela presença dos bárbaros foram muito pequenos. Por exemplo, das 12.503 paróquias situadas na Aquitânia, apenas 30 possuem um nome de origem goda. Segundo estimativas de historiadores e de arqueólogos, os contingentes que chegaram à Europa Ocidental nesse período não devem ter representado mais do que um milhão de pessoas. Se lembrarmos que isso ocorreu ao longo de três séculos, e que a população total do Império Romano deveria girar, no início do século III, segundo os cálculos mais pessimistas, em torno de 26 milhões (são apenas estimativas, pois os registros populacionais do Império se perderam), podemos concluir que o impacto demográfico não foi significativo.

Contudo, as fontes documentais descrevem, muitas vezes, a chegada dos bárbaros no Império como catastrófica. São fontes romanas e, sobretudo, escritas por autores cristãos, que acreditavam no retorno iminente do Cristo e no Juízo Final. Para esses autores, todos os sinais apontavam para esses eventos. Os conflitos, as guerras, a instalação dos bárbaros eram para eles indícios de que aquilo que o texto do Apocalipse havia previsto estava se realizando. Não temos textos escritos por autores bárbaros sobre a sua instalação no Império Romano. Os autores romanos, por sua vez, não se interessavam pela história ou pelas formas de organização social dos bárbaros. Tácito (c. 56-c. 120), autor de *A Germânia*, é geralmente apontado como uma exceção, mas vale lembrar que a imagem que ele dá dos povos germânicos estava destinada a ser um espelho para a sociedade romana (o autor, aliás, nunca esteve na Germânia): as virtudes que ele identificou nos guerreiros germânicos, especialmente a monogamia e a castidade, são aquelas que, em sua opinião, faltavam à aristocracia romana de seu tempo.

Devemos também a Tácito a criação da imagem de unidade e de homogeneidade geográfica e cultural dos povos germânicos. A redescoberta do texto de Tácito, no início da época moderna, ajudou a cristalizar essa ideia entre os historiadores modernos. Da mesma forma, a única fonte que permitiu aos historiadores sustentarem a hipótese da origem comum de escandinavos e germânicos é a *Gética*, de Jordanes (? -c. 552), redigida em Constantinopla, em meados do século VI. Essa obra buscava deliberadamente atribuir uma identidade e uma longa história aos povos godos. Alguns séculos mais tarde, outro autor, Paulo, o Diácono (c. 720-c. 799), inspirou-se nas obras de Jordanes e de Tácito para escrever a *História dos lombardos*, na qual sustenta a origem escandinava desse povo. De modo geral, a unidade cultural e étnica dos germânicos é uma ficção, criada por autores do final da Antiguidade e do início do período medieval, que buscavam colocar os povos bárbaros em pé de igualdade com os romanos, e reforçada pelos historiadores alemães no século XIX. Além do mais, é importante lembrar que as migrações que ocorreram a partir do século IV não foram um fato excepcional na história da Europa, nem diziam respeito unicamente a povos germânicos. Havia também celtas, berberes, turcos (hunos, búlgaros), iranianos (alanos) e, em uma etapa posterior, eslavos.

## A "QUEDA DE ROMA" (476)

A deposição de Rômulo Augusto por Odoacro (c. 433-c. 493), no dia 4 de setembro de 476, costuma ser considerada o evento que pôs fim ao Império Romano do Ocidente e que deu início à Idade Média. Se esse início é meramente uma convenção cronológica, o fim do Império merece ser discutido e reconsiderado. As fontes contemporâneas deram muito pouca importância ao evento. Em primeiro lugar, porque o poder do imperador do Ocidente, no final do século V, abrangia apenas a Itália. Além do mais, nada indica que houve uma conquista bárbara da antiga capital do Império. O jovem Rômulo, que tinha cerca de 14 anos em 476, pertencia a uma família que vinha da Germânia. Orestes, seu pai, havia sido adotado por um aristocrata romano que se dizia descendente de Rômulo, o fundador de Roma, e tinha servido como secretário na corte de Átila, o rei dos hunos. Em 476, Orestes estava à frente do Exército imperial na Itália. Odoacro, também de origem bárbara, havia feito carreira no Exército romano. Após ter matado Orestes e deposto Rômulo Augusto, enviou a Constantinopla os símbolos imperiais, continuou a cunhar moedas romanas e recebeu do imperador do Oriente, Zenon (c. 425-491), o título romano de patrício. A data de 476 representou uma interrupção da longa série de imperadores do Ocidente, até o ano de 800 – quando um novo imperador, Carlos Magno (742-814), seria coroado em Roma –, mas não o fim do Império Romano.

A partir de 476, os imperadores em Constantinopla continuaram a exercer certa soberania sobre os territórios que até então pertenciam ao Império Romano do Ocidente. As correspondências entre os reis bárbaros e a corte em Constantinopla mostram a existência de uma hierarquia que colocava o imperador como a mais poderosa figura do mundo cristão: até o advento de Carlos Magno, era ele quem confirmava a escolha dos papas. Claro, era uma soberania limitada, a qual o imperador Justiniano (c. 482-565) tentou transformar em um domínio efetivo dos territórios do Ocidente. Para isso, ele conduziu campanhas ao longo de décadas, no norte da África, na Espanha e na Itália, sem ter atingido seus objetivos de forma durável. Pouco após a sua morte, os lombardos se apossaram de boa parte da Itália, ao passo que os árabes tomaram as províncias do norte da África.

A única fonte relativamente contemporânea aos eventos que menciona a deposição de Rômulo Augusto, em 476, como o fim do Império Romano no Ocidente é a do historiador Jordanes. Pouco sabemos a seu respeito, a não ser sua origem goda e o fato de que vivia em Constantinopla por volta de 550. Apenas duas obras suas chegaram até nós: a *Romana*, um resumo de história universal e romana, e outro resumo – a já citada *Gética* – com base na *História dos godos*, escrita por Cassiodoro (c. 485-c. 585). O ponto de vista de Jordanes, assim como seu horizonte cultural, é o do Império do Oriente e o da corte de Constantinopla. Em *Gética*, ele elogia Justiniano e se mostra simpático aos temas da propaganda deste último. É nesse contexto que devemos entender a menção à deposição do último imperador do Ocidente:

O MUNDO ROMANO E OS REINOS BÁRBAROS **25**

> ## A QUEDA DO IMPÉRIO ROMANO DO OCIDENTE, SEGUNDO JORDANES
>
> "Quanto a Augustulus, ele havia sido promovido imperador pelo seu pai, Orestes. Pouco depois, Odoacro, rei dos turcílingos, acompanhado de esciros, de hérulos e de auxiliares de diferentes nações, amparou-se da Itália. Ele matou Orestes e depôs o filho deste último, Augustulus. Ele o condenou ao exílio no Castellum Lucullanum, na Campanha. Foi assim que, nessa ocasião, o Império Romano da Hespéria [Itália], de que o primeiro dos Augustos, Otaviano Augusto, tinha se tornado mestre 709 anos após a fundação da cidade, chegou ao fim com esse Augustulus, após 522 anos durante os quais seus predecessores se sucederam no trono. Depois dele, os reis godos foram mestres de Roma e da Itália." (Jordanes, *De origine actibusque Getarum (Gética)*, c. 46, ed., Th. Mommsen, Monumenta Germaniae Historica, Auctores Antiquissimi, t. v, parte 1. Berlim: Weidmann, 1897, p. 120)

Esse relato, redigido em Constantinopla após a derrota dos godos da Itália pelas tropas imperiais e que apresenta a deposição de Rômulo Augusto (chamado de forma pejorativa no texto de "Augustulus", o "pequeno Augusto") como o fim do Império Romano do Ocidente, tinha por objetivo apresentar a ação de Justiniano como a de restaurador do Império Romano no Ocidente. Ele foi escrito no momento em que o imperador submetia a Itália ao domínio direto de Constantinopla, após ter derrotado os vândalos, no norte da África, e os visigodos, na Espanha. A ação de Justiniano tinha também uma dimensão ideológica – como mostram os textos de Jordanes e de Procópio de Cesareia (c. 500-c. 565) – e era do interesse do imperador apresentar suas campanhas militares no Ocidente como uma tentativa de restaurar a unidade do Império destruída pelos bárbaros. Isso explica por que Jordanes descreveu os eventos de 476 como o fim do Império Romano no Ocidente.

A realidade é mais complexa. Os exércitos de Justiniano, compostos em boa parte por mercenários de origem bárbara, provocaram uma destruição sem precedentes nas infraestruturas romanas da Itália (aquedutos, monumentos, estradas etc.). Malco de Filadélfia, um historiador que viveu em Constantinopla no final do século v, apresenta um relato bastante distinto dos eventos descritos por Jordanes: após a deposição de Augusto (Malco não usa a forma depreciativa "Augustulus"), Odoacro teria recebido as felicitações do imperador do Oriente, bem como o título de patrício. Outras fontes também mencionam que Odoacro teria enviado os símbolos imperiais para Constantinopla, acompanhadas pelo reconhecimento de que, a partir daquele momento, havia apenas um imperador romano. No entanto, foi o relato de Jordanes que prevaleceu entre os historiadores a partir do século XVI, porque correspondia à ruptura que pensavam ter ocorrido no final da Antiguidade. Como veremos a seguir, os reinos bárbaros não representaram uma mudança significativa em relação ao Império Romano, no que diz respeito tanto à língua oficial quanto às leis, às práticas administrativas ou mesmo à composição social de suas elites. A deposição de Rômulo Augusto significou o fim do Império Romano do Ocidente, mas não o final do Império Romano, que continuava a existir. A partir de sua capital, Constantinopla, o imperador exercia ainda influência sobre os reinos bárbaros e, às vezes, possuía uma autoridade efetiva, como foi o caso de Justiniano pouco tempo depois de suas vitórias militares.

## OS REINOS BÁRBAROS (SÉCULOS V-IX)

O primeiro reino bárbaro de que se tem notícia é o Reino dos Godos, criado a partir de um tratado (*foedus*) firmado em 418 entre o rei Vália (?-c. 418) e o imperador Honório (384-423), que concedeu aos godos um território no sudoeste da Gália, entre as cidades de Toulouse e Bordeaux, em troca do apoio deles contra uma rebelião militar liderada por um aristocrata romano chamado Jovino (?-413). O enfraquecimento da autoridade imperial no Ocidente e a adoção de uma política favorável à aristocracia galo-romana ajudaram na consolidação e na expansão do Reino dos Godos (que deixou de ser federado e se tornou autônomo em 466) em toda a região da atual Aquitânia, no sul da Gália e na península ibérica. Em 507, vencidos pelos francos, na Batalha de Vouillé, os godos voltaram-se para a Espanha, onde estabeleceram o que seria conhecido como o Reino dos Visigodos (termo que significa "godos do oeste", diferenciando-se assim do Reino dos Ostrogodos, ou "godos do leste", estabelecido na Itália). Em 711, a invasão muçulmana poria fim ao Reino dos Visigodos.

Os burgúndios também constituíram um reino a partir de um *foedus* por volta de 456, na região em torno do lago Léman. Da mesma forma que ocorreu com os visigodos, o enfraquecimento do Império do Ocidente e a aliança com as elites galo-romanas permitiram que os burgúndios estabelecessem seu controle sobre todo o vale do Ródano. Desde o início do século VI, os francos realizaram uma série de incursões contra o Reino dos Burgúndios e terminaram por anexá-lo em 534.

O Reino dos Ostrogodos era fruto da ação militar que o imperador Zenon havia encomendado a Teodorico, o Grande (c. 454-526), para expulsar Odoacro da Itália, território governado por ele como patrício desde a deposição de Rômulo Augusto. Em 493, Teodorico assumiu o controle da Itália, teoricamente em nome do Império Romano, mas governou com grande autonomia. Ele estabeleceu uma administração cuja espinha dorsal era constituída pela aristocracia de origem romana e senatorial, mas com um regime de igualdade entre os que eram denominados romanos e aqueles que eram designados godos. A morte de Teodorico, as divisões que se seguiram, bem como a campanha empreendida por Justiniano a partir de 535 e que durou quase 20 anos, puseram fim ao Reino dos Ostrogodos.

Os vândalos constituíram um reino no norte da África, em 439, logo após a conquista de Cartago. Embora não tenha nascido de nenhum acordo de federação, o Reino dos Vândalos também integrou as elites de origem romana, mantendo todas as características da administração imperial. Uma expedição militar enviada por Justiniano, em 533, pôs fim a esse reino.

A fundação do Reino dos Francos data do reinado de Clóvis (481-511), filho e sucessor de Childerico. Quando da morte de seu pai, Clóvis tinha herdado o governo na província Bélgica Segunda, situada entre Reims e o mar do Norte. O fim do Império do Ocidente permitiu que a função de governador se transmitisse de forma hereditária. No entanto, as ações militares de Clóvis – contra tropas romanas amotinadas, sob as ordens do general rebelde Siágrio (c. 430-c. 487), contra os alamanos (cujo reino foi progressivamente anexado ao Reino dos Francos) e contra os visigodos na Aquitânia – receberam o incentivo e o apoio de Constantinopla, como testemunham as honrarias e os títulos por ele recebidos após cada uma dessas batalhas. Ao final de sua vida, Clóvis tinha sob seu controle quase toda a Gália, à exceção da Burgúndia, da Bretanha e da Provença, e havia conseguido fundar uma dinastia, chamada de merovíngia, que durou até a metade do século VIII. A conversão de Clóvis ao catolicismo, no início do século VI, deu a ele o apoio do episcopado católico, não apenas nas terras por ele controladas, mas também nos territórios do Reino dos Burgúndios e na Aquitânia visigótica. A expansão do Reino dos Francos continuou ao longo dos séculos seguintes, culminando, no início do século IX, com a formação do Império Carolíngio. O Reino dos Francos foi o mais bem-sucedido de todos os reinos bárbaros, pois seu domínio chegou a se estender a quase toda a Europa Ocidental, à exceção da península ibérica e das ilhas Britânicas. O Reino dos Alamanos, estabelecido na fronteira entre a Germânia e a Gália, e o Reino dos Suevos, na atual Galícia, sucumbiram à expansão de seus poderosos vizinhos, respectivamente, o Reino dos Francos e o Reino dos Visigodos.

Após o abandono da Grã-Bretanha por parte de Roma, na primeira metade do século V, seguiu-se um período de desordem sobre o qual não temos muitas informações. A partir do século VI, provavelmente sob a influência do modelo de realeza criado pelos francos, sete reinos se estabeleceram na ilha, tendo à frente reis de origem angla e de origem saxã. Beda, o Venerável (c. 672-735), um monge e historiador do século VIII, escreveu uma *História eclesiástica do povo inglês*, na qual afirma que os anglos, os jutos e os saxões teriam chegado à ilha chamados pelos romanos como mercenários. Em seguida, rebelaram-se contra os romanos e fundaram os reinos de Kent, Mércia, Sussex, Essex, Wessex, Nortúmbria e Ânglia Oriental, ao passo que os romanos teriam se refugiado na parte oriental, no atual País de Gales, onde teriam criado os reinos bretões. Essa visão distinta dos acontecimentos dada por Beda é atualmente contestada pelos historiadores e pelos arqueólogos pela ausência de indício arqueológico das citadas invasões por parte dos anglo-saxões.

Na Itália, as guerras de reconquista empreendidas por Justiniano deixaram um rastro de destruição e um vazio político que o Império, ocupado com a guerra contra os persas e com as consequências devastadoras da peste, não teve condições de preencher. Grupos identificados como lombardos atacaram a Itália e conquistaram, entre 568 e 570, boa parte do território, à exceção de Ravena, de Roma, da Ligúria e da parte meridional da península, regiões que permaneceram sob o controle imperial. No final do século VI, eles criaram um reino tendo Pávia como capital. No século VIII, o historiador Paulo, o Diácono, em sua *História dos lombardos*, popularizou a tese sobre a origem escandinava dos lombardos.

É um equívoco atribuir a esses reinos bárbaros uma identidade étnica e uma cultura oriundas dos termos que os designam. Os termos "francos", "burgúndios", "alamanos", "lombardos", "visigodos" etc. não correspondiam a grupos étnicos homogêneos em sua composição ou em sua origem. Fontes romanas podiam designar um mesmo grupo diferentemente, conforme o local em que se escrevia. Os próprios chefes bárbaros podiam assumir denominações que não tinham relação direta com a origem dos indivíduos por eles comandados, mas com certo prestígio militar ou mítico. Também podiam ser identificados de forma distinta, segundo a fonte. É o caso de Odoacro, descrito na época às vezes como hérulo, às vezes como godo, outras vezes como turíngio. As denominações desses grupos que hoje soam como se fossem étnicas não o eram no momento em que foram utilizadas e difundidas no seio de populações que eram bastante heterogêneas. As histórias dos povos bárbaros, escritas a partir do século VIII, construíram relatos a respeito das origens desses povos, as quais, mesmo fabricadas, acabaram sendo incorporadas como histórias oficiais dos reinos.

O sucesso dessas denominações também não se deve a razões étnicas – mesmo porque, como vimos, o aporte demográfico dos grupos que se instalaram nas fronteiras do Império foi pequeno e diluído ao longo do tempo –, mas a razões políticas e militares. Os francos, por exemplo, não são mencionados por Tácito; eles aparecem pela primeira vez em uma fonte romana do século III, designando uma liga de pequenas comunidades que habitavam a fronteira da Germânia com o Império. As escavações arqueológicas não permitem que se identifique nenhuma cultura material que lhes fosse específica. A distinção se produz ao longo dos séculos seguintes. No momento da conversão de Clóvis ao catolicismo e de seu batismo (fatos ocorridos entre o final do século V e o início do século VI), Gregório de Tours afirma que 3.000 francos foram batizados também. Esse pequeno número de indivíduos constituía aquilo que se entendia, inicialmente, por "francos", um grupo de guerreiros que serviam a Clóvis, cujo título era o de "rei". No entanto, o líder exercia, pelo menos no início de sua carreira, a função de governador da província romana da Bélgica Segunda. Se inicialmente essas identidades tinham um significado militar, ao longo dos séculos VI, VII e VIII passaram a designar mais do que isso. Assim, o título de rei dos francos só começou a ser atribuído a Clóvis décadas depois de sua morte. O Reino dos Francos passou a ser considerado como todo o território sob domínio de uma família que somente a partir da segunda metade do século VI passou a se intitular "franca", mas que dominava o latim, cunhava moedas romanas e, sobretudo, governava milhões de indivíduos de origens bastante diversas.

Essas novas identidades bárbaras também tiveram uma influência decisiva junto às populações romanizadas ou de origem romana. As histórias dos povos bárbaros, redigidas a partir do século VII, descrevem a origem desses povos na Guerra de Troia: após a conquista da cidade pelos gregos, um grupo de guerreiros teria partido para a Itália, local em que seus descendentes fundaram Roma, enquanto outro teria ido em direção ao Danúbio, onde também teriam fundado uma cidade (Sicâmbria), e à Germânia. Isso mostra que as elites que se identificavam como bárbaras enxergavam a sua própria origem da mesma forma que as elites romanas enxergavam a sua. Sobretudo, chama a atenção o fato de que essas histórias não foram redigidas antes da constituição dos reinos bárbaros, o que nos faz pensar que elas serviam a um objetivo preciso: reforçar a legitimidade desses reinos, por meio da fabricação de mitos de origem que faziam dos bárbaros "primos" dos romanos.

A arqueologia funerária mostra que, desde o século V, no interior das fronteiras do Império, vários grupos de indivíduos se faziam enterrar com suas armas e com uma rica mobília funerária (o que permite atestar seu pertencimento às elites). Inicialmente, os arqueólogos interpretaram esses túmulos (chamados de "túmulos de chefes") como a prova física da conquista bárbara do Império Romano. No entanto, essa prática não era comum entre os bárbaros que habitavam do outro lado do Reno, o que leva a crer hoje que se tratava de um movimento de construção da identidade de um grupo, que buscava se distinguir não só das populações locais no interior do Império, mas também das populações bárbaras que viviam na Germânia. A presença

O MUNDO ROMANO E OS REINOS BÁRBAROS  *31*

de armas nos túmulos masculinos mostra que um dos principais elementos de diferenciação desses grupos era o exercício de funções militares. Graças ao papel dos bárbaros na defesa do Império, sobretudo a partir do século III, era fácil, para os historiadores do século XIX, fazer a associação entre esses túmulos e os guerreiros bárbaros. Todavia, os túmulos de chefes só aparecem a partir da segunda metade do século V, quando as populações das regiões em que eles foram inumados já haviam adotado o cristianismo, o que indica a relação entre os túmulos e as transformações no interior do Império Romano, e não entre eles e a chegada de novos povos ou a permanência de práticas pagãs. O depósito de armas (lanças, flechas, escudos, espadas, machados etc.) e de outras riquezas (cavalos, objetos de luxo, joias etc.) nesses túmulos era uma forma de aquela elite, que já habitava o mundo romano há tempos, se distinguir do restante da população, ostentando a sua posição social – mesmo as crianças eram enterradas desse modo – e, também, de reivindicar uma parcela de poder no Império Romano em crise. O túmulo de Childerico, de que falamos anteriormente, é o mais rico entre essas sepulturas. É muito provável que ele tenha fornecido o modelo a todos os túmulos de chefes que viriam depois. No entanto, por volta de 550, cerca de um século depois de terem surgido, os túmulos de chefes "desapareceram". A data corresponde ao período em que os reinos bárbaros já haviam adquirido estabilidade, o que leva a crer que haviam cumprido sua missão de reforçar a identidade e o poder dessas elites que não eram tão novas, mas cujo papel à frente desses novos reinos era recente e ainda não estava assegurado.

Esses reinos mantiveram e adaptaram a administração romana. O latim permaneceu a língua oficial e até a datação era a mesma utilizada no Império Romano. O modelo que seus governantes tinham em mente, pelo menos no século VI, era o do Império Cristão. O Reino dos Visigodos, instalado na Espanha desde meados do século V, e o Reino dos Francos adotaram, inclusive, a mesma forma de sucessão existente entre os romanos à época de Constantino (o reino era divido entre os filhos do rei). Assim como Constantino, eles também planejaram construir uma nova capital, chamada Recópolis. Clóvis, o fundador do Reino dos Francos, fez enterrar-se numa basílica que ele havia mandado construir e que tinha denominado basílica dos Santos Apóstolos (o mesmo nome da basílica na qual o imperador Constantino fora enterrado). A narrativa do batismo de Clóvis, redigida pelo bispo Gregório de Tours, no final do século VI, é uma cópia da narrativa do batismo do imperador Constantino, o que mostra a influência do modelo imperial de governo nos reinos bárbaros.

Durante muito tempo, a instalação dos bárbaros foi vista como um momento no qual a regressão econômica do Império Romano teria se acentuado, conduzindo a um recuo do comércio, da moeda e da vida urbana. Esse modelo interpretativo deve muito aos trabalhos dos historiadores Henri Pirenne e Georges Duby. Este último descreve uma sociedade agrária muito mal equipada, na qual os camponeses, para produzirem a sua subsistência, eram obrigados a afrontar a natureza com as mãos quase nuas, por falta de equipamentos suficientes. O nível da civilização material teria permanecido tão baixo nos primeiros séculos do período medieval que o essencial da vida econômica ter-se-ia reduzido a uma luta constante que o homem, para sobreviver, teve de empreender contra as forças naturais: florestas, águas, variações climáticas. Os textos redigidos entre os séculos VIII e XIII, de fato, mostram que houve, em média, um episódio de fome a cada sete anos.

Todavia, as escavações arqueológicas efetuadas ao longo dos últimos anos revelaram um quadro mais contrastado. Houve uma diminuição do nível geral de consumo, mas isso não significa, necessariamente, que tenha ocorrido um empobrecimento geral da população. O estudo dos polípticos – inventários das grandes propriedades rurais – mostra que a produtividade agrícola nas terras pertencentes à aristocracia era semelhante à que se encontrava no Império Romano Tardio. Além do mais, embora os episódios de fome fossem característicos das sociedades europeias até o advento da Revolução Industrial, no século XVIII, eles não atingiram todo o conjunto da população da mesma forma. À exceção de casos de cerco de cidades ou de locais fortificados, por ocasião de conflitos militares pontuais, as elites não sofreram com a carência de alimentos. O estado nutricional e sanitário dos esqueletos do período revela uma discrepância significativa entre os camponeses pobres (que apresentam deficiências de vitaminas e lesões adquiridas em razão do trabalho árduo) e os membros dos grupos mais abastados (que são reconhecidos não apenas pela presença de uma rica mobília funerária, pelo menos até o século VI, como também por um estado nutricional distinto, sem sinais de carência de vitaminas,

O MUNDO ROMANO E OS REINOS BÁRBAROS    33

mas de doenças relacionadas ao consumo excessivo de proteínas). O problema da fome, nos primeiros séculos medievais, não estava, portanto, relacionado à produção de alimentos, mas à sua distribuição. A hierarquia social não se alterou com a chegada dos bárbaros. As elites de origem bárbara e as de origem romana se fundiram muito rapidamente, de modo que nem os nomes que portavam, as funções que ocupavam durante a vida ou, ainda, a forma pela qual eram enterrados permitem que sejam distinguidos.

As guerras de conquista empreendidas por Justiniano, em meados do século VI, constituíram uma proeza militar e política: em poucos anos, o norte da África e partes consideráveis da península ibérica e da itálica caíram sob o controle direto do Império Romano do Oriente (também denominado Império Bizantino, do nome de Bizâncio, antiga denominação da capital Constantinopla). No entanto, o custo dessas campanhas foi alto. A Itália, que havia sobrevivido as turbulências da queda do Império Romano do Ocidente, teve suas infraestruturas (estradas, aquedutos, edifícios públicos) bastante destruídas. Esse esforço militar também exauriu os recursos do Império Bizantino, enfraquecendo-o diante de seus concorrentes orientais: o Império Persa e, sobretudo, os árabes muçulmanos. Estes últimos destruíram o Império Persa, em 651, e nos anos seguintes conquistaram parte da Anatólia, a Síria, a Palestina, o Egito, o norte da África e a quase totalidade da península ibérica, que passou a se chamar Al-Andalus. O fracasso do cerco dos árabes à Constantinopla, entre 717 e 718, bem como a sua derrota na Batalha de Poitiers, em 732, em face de um exército franco comandado por Carlos Martel (c. 688-741), marcou a estabilização das fronteiras desse Império, que veio a se fragmentar com o estabelecimento de um califado, cuja sede era na cidade de Córdoba (em Al-Andalus), e de outro na cidade de Damasco (na Síria). A expansão muçulmana não fechou o Mediterrâneo aos povos cristãos, pois o intercâmbio comercial com o Oriente e mesmo com os árabes muçulmanos permaneceu, embora em uma escala menor. Todavia, ao enfraquecer o Império do Oriente, que perdeu suas ricas províncias do norte da África, a expansão muçulmana permitiu aos reinos bárbaros se livrarem de uma potência tutelar e buscarem, ao mesmo tempo, um caminho próprio e original para sua organização política e para sua vida cultural. O Império

Carolíngio, de que trataremos adiante (na seção "De um Império a outro: os carolíngios"), consolidou esse caminho original por meio da aliança com a Igreja de Roma, da restauração da unidade imperial no Ocidente e da elaboração e da difusão de uma cultura cristã.

---

## A INVENÇÃO DA GERMÂNIA

"De tudo o que produziu o gênio político e militar de Roma, a Germânia é talvez a maior criação e também a mais durável. Um dia, é verdade, a criatura suplantou seu criador; esta circunstância não pode nos fazer esquecer que o mundo germânico deve sua existência à iniciativa de Roma, aos pacientes esforços pelos quais, durante séculos, imperadores, generais, soldados, proprietários de terras, mercadores de escravos, ou simplesmente mercadores, modelaram aquilo que aos seus olhos era o caos da realidade bárbara, para produzir um mundo estruturado por formas de atividade política, social, econômica de forma que pudessem compreendê-lo e talvez dele tornar-se os mestres. Mais frequentemente, os próprios bárbaros desejaram ardentemente participar desse processo que faria deles um 'verdadeiro' povo ou, dito de outra forma, criar estruturas que fossem inteligíveis no interior da civilização greco-romana, este mundo que os fascinava. O sucesso da empreitada foi tão amplo que, desde o final da Antiguidade, quando os godos, os burgúndios, os francos e os outros 'povos' germânicos tornaram-se os mestres do Império Romano do Ocidente, não conseguiram pensar a si próprios e ao seu passado sem recorrer às categorias da etnografia, da política e dos costumes romanos, assim como eram incapazes de prosperar de outra forma que não pelas tradições romanas da agricultura e do comércio, ou de exercer o poder fora dos usos políticos e jurídicos de Roma. De seu lado, para contar a história dos povos bárbaros, os etnógrafos romanos – Tácito e Plínio, por exemplo – utilizam as categorias greco-romanas de tribo, povo e nação. Quando descrevem os seus costumes religiosos ou sociais, eles têm Roma por referência: eles os veem como assimiláveis ou opostos às virtudes e aos vícios da sociedade romana. Quando, no século VI, Cassiodoro ou Gregório de Tours contam a história dos povos bárbaros destarte vitoriosos, são ainda as categorias greco-romanas que eles utilizam para tornar inteligíveis o passado e o presente dos povos que descrevem." (GEARY, Patrick. *Before France and Germany:* the Creation and Transformation of the Merovingian World. Oxford: Oxford University Press, 1988, pp. VI-VII)

## AS LEIS BÁRBARAS

Os reinos bárbaros produziram uma grande variedade de leis, de editos reais, de cânones conciliares (atas de reuniões da alta hierarquia do clero) e de comentários a leis romanas. Os mais importantes e os mais volumosos desses textos são as chamadas "leis bárbaras", segundo a expressão consagrada pelos historiadores desde o século XIX, que tinham por objetivo sublinhar a origem germânica dessa legislação. Para esses historiadores, tais leis seriam a expressão escrita de um Direito Germânico, que se oporia ao Direito Romano, em colapso concomitantemente com o Império, e que somente a partir do final da Idade Média teria sido "redescoberto" pelos juristas das cidades italianas. As composições pecuniárias, os valores monetários a serem pagos pelos culpados de roubos ou de assassinatos às vítimas e às suas famílias, seriam a expressão de um direito primitivo, típico das sociedades da Germânia. As leis bárbaras, embora bastante diversas (algumas tratavam, prioritariamente, de roubos e assassinatos; outras, das relações entre o poder real e a Igreja), possuíam duas características comuns: foram todas redigidas em latim, nos territórios que correspondiam ao antigo Império Romano e, sobretudo, os textos que as compõem foram reunidos segundo um procedimento semelhante ao adotado no Código Teodosiano, no século V, o mais importante conjunto de leis romanas do final da Antiguidade. As multas pecuniárias, inclusive, já estavam previstas no Código Teodosiano.

Na verdade, as leis bárbaras foram meios encontrados pelos legisladores de adaptar o Direito Romano aos novos reinos do Ocidente. A forma detalhada com que são descritos os atos de violência interpessoal fez muitos historiadores chamarem a atenção para o caráter violento das sociedades pós-romanas. Assim, perdeu-se de vista o fato de que essas leis eram instrumentos de combate à violência, e não apenas veículos de sua descrição. Elas também cumpriam outro papel: eram uma ferramenta para a afirmação (e a fabricação) das identidades dos povos bárbaros.

Vejamos, por exemplo, o que diz o chamado "prólogo curto" do Pacto da Lei Sálica:

## OS FRANCOS, NOVO POVO ELEITO

"Aqui começa o Pacto da Lei Sálica.

§ 1. Foi decidido e acordado, com o auxílio de Deus, entre os francos e seus grandes, como se deveria zelar pela observância da paz entre todos para suprimir o crescimento das disputas, e, por se destacarem dos povos vizinhos por seu braço forte, [os francos] também devem se destacar por suas leis, e dessa maneira eles conduzirão as ações criminais a um fim de acordo com a natureza das disputas.

§ 2. Desse modo, eles escolheram, entre muitos homens, quatro cujos nomes são: Uisogastus, Arogastus, Salegastus e Uidogastus, de vilas que estão além do Reno: Botheim, Saleheim e Widoheim. Esses homens, reunindo-se em três assembleias diferentes e discutindo com zelo as causas de todas as disputas, julgaram cada caso da seguinte maneira [...]". (*Pactus legis Salicae*, ed. K. A. Eckhardt, *Monumenta Germaniae Historica, Legum, sectio* I, vol. 4/1, 1962, p. 2)

Esse prólogo não estava presente nas primeiras versões do texto, mas foi acrescentado depois, entre o final do século VII e o início do século VIII. Tinha a clara intenção de convencer os leitores da origem da lei, na antiga Germânia, mas também servia para apresentar os francos como inspirados por Deus, ao mesmo tempo mais fortes e mais pacíficos do que seus vizinhos.

A utilização do termo "francos" e de outros que parecem apresentar uma conotação étnica não significa que essas leis eram étnicas. Elas tinham uma lógica territorial de aplicação. Assim, a Lei Romana dos Visigodos era aplicada aos indivíduos que nasciam na Aquitânia (e que eram chamados de "romanos"), a Lei Sálica àqueles que nasciam ao norte do rio Loire (e que eram chamados de "francos"), a Lei dos Burgúndios àqueles que nasciam na região do antigo Reino dos Burgúndios (chamados de "burgúndios"), e assim por diante. O exemplo dessas leis mostra que o termo "bárbaro" adquiriu, ao longo dos séculos VII e VIII, um sentido geográfico e político. Isso não significa que o sentido negativo que lhe era associado tenha desaparecido completamente: com o advento da dinastia carolíngia, na metade do século VIII, o termo "bárbaro" passou a ser utilizado com frequência para designar as populações ainda não cristianizadas.

## DE UM IMPÉRIO A OUTRO: OS CAROLÍNGIOS

A partir do século VII, os reinos bárbaros sofreram os efeitos combinados do aumento do poder das aristocracias regionais e das incursões, em seus territórios, de frisões, bretões, ávaros e árabes. As realezas bárbaras, nascidas entre os séculos V e VI, ficaram enfraquecidas: na Itália, os duques de Benevento e de Spoleto recusaram a autoridade do rei lombardo; na Espanha, a Septimânia e a Terraconesa escaparam ao controle do poder visigótico; na Gália, as regiões da Aquitânia, da Burgúndia e da Provença saíram da órbita do Reino dos Francos. Foi no leste da Gália, no entanto, na região então chamada de Austrásia, que emergiu o maior desafio ao poder real merovíngio, a família dos pipinidas. Descendentes do bispo Arnulfo de Metz (c. 582-c. 640) e do prefeito do palácio, Pepino de Landen (c. 580-640), os pipinidas destacaram-se por seu rico patrimônio fundiário, sua ampla clientela de apoiadores, sua aliança com a Igreja franca, suas vitórias contra outras famílias da aristocracia e também por sua capacidade de neutralizar as ameaças externas ao Reino dos Francos. No final do século VII, Pepino II de Herstal (c. 635-714), neto de Pepino de Landen, reunificou as regiões da Austrásia, da Nêustria e da Burgúndia, colocando os reis merovíngios sob tutela, mas não assumiu o título de rei, contentando-se com os títulos de prefeito do palácio – administrador dos domínios reais – e *princeps*. Seu filho e sucessor, Carlos Martel, reintegrou à esfera de influência franca a Burgúndia, a Aquitânia, bem como o Reino dos Frisões e o Reino dos Alamanos. Em 751, Pepino, o Breve (714-768), neto de Pepino de Herstal, depôs o último rei merovíngio, Childerico III, e fez eleger-se rei numa assembleia de aristocratas, na cidade de Soissons.

Dois elementos dessa mudança dinástica são importantes para entendermos a natureza da realeza fundada pelos pipinidas, mais adiante conhecidos como carolíngios – do nome *Carolus*, forma latinizada do primeiro nome tanto de Carlos Martel quanto de Carlos Magno (neto de Carlos Martel). O primeiro elemento é a consulta feita por emissários de Pepino, o Breve, ao papa Zacarias (679-752), antes da deposição de Childerico III, "a respeito dos reis que, nesta época na *Francia* [termo que era usado para designar o Reino dos Francos], não tinham nenhum poder, se isso era bom ou não". A resposta do papa, registrada por duas fontes contemporâneas, teria sido a seguinte: "é melhor chamar de rei aquele que detém o poder real, ao invés daquele que é desprovido de poder real, de forma que a ordem não seja perturbada". Essa resposta era, na prática, uma forma de autorização para que o último rei merovíngio fosse deposto. Já o segundo elemento é a unção (prática do Antigo Testamento que indicava que o rei era um escolhido de Deus), que havia sido utilizada no período medieval, pela primeira vez, na Espanha visigótica, no final do século VII. Em 754, por ocasião de uma viagem à *Francia*, onde buscou o apoio do novo rei dos francos contra os lombardos que ameaçavam a cidade de Roma, o papa Estêvão II (?-757) ungiu o rei Pepino e seus dois filhos, Carlos Magno e Carlomano (751-771).

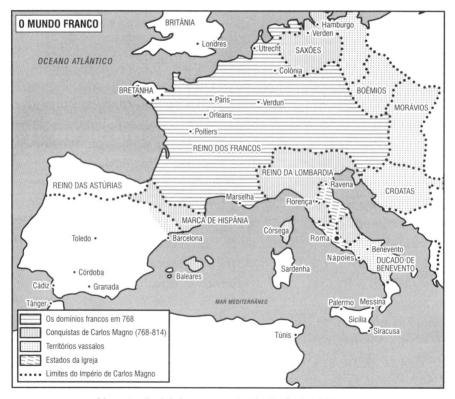

Mapa territorial durante o reinado de Carlos Magno.

O MUNDO ROMANO E OS REINOS BÁRBAROS **39**

Esses dois elementos marcam a vontade de Pepino de revestir o golpe de Estado que pôs fim à dinastia merovíngia de uma aparência de legalidade, mas também de reforçar o caráter cristão da realeza franca. Este último, aliás, será o traço duradouro do poder dos carolíngios, que se apresentam a seus súditos como chefes de uma sociedade cristã que eles têm o dever de conduzir à salvação. Os reis francos eram cristãos desde a época de Clóvis; no entanto, a ideologia estabelecida pelos carolíngios, com o apoio da Igreja, fez nascer uma concepção do exercício do poder na qual o soberano age como o responsável perante Deus pela manutenção da paz e da justiça, tarefa a qual divide com a aristocracia. Essa concepção está na base do restabelecimento da unidade imperial, com a coroação de Carlos Magno, no Natal de 800, mas também na base das guerras levadas a cabo pelos carolíngios contra aqueles que eles designavam "bárbaros". Nesse sentido, a "barbárie" tornou-se sinônimo de paganismo e um cimento importante para a nascente ideia de Cristandade.

Após a morte de Carlos Magno, em 814, e durante o reinado de seu filho e sucessor, Luís, o Piedoso (778-840), teve início uma série de disputas no interior da família carolíngia, que conduziram a uma guerra civil, e de conflitos com a própria Igreja, que saiu fortalecida em suas prerrogativas em face do poder político. Todas essas turbulências, aliadas às dificuldades de gestão de um Império de grandes proporções, ao fortalecimento da aristocracia senhorial e à intensificação dos ataques normandos, acabaram provocando o colapso da unidade imperial e da própria dinastia reinante. No entanto, não se pode negar a importância da experiência carolíngia para a formação da ideia de Cristandade e da própria ideia de Europa. Carlos Magno governou um território que compreendia praticamente a Europa Ocidental atual, à exceção da península ibérica e das ilhas Britânicas, chegando a ser qualificado, por um monge irlandês do século VIII, de "chefe do Reino da Europa". O termo "Europa" adquiriu, sob os carolíngios, um sentido político e religioso, de espaço que reunia os católicos que estavam submetidos à autoridade temporal do imperador e à autoridade espiritual do papa romano.

Os carolíngios retiraram a Igreja de Roma da influência de Constantinopla, o que foi facilitado pela oposição radical dos cristãos do Oriente ao culto das imagens (que ficou conhecida como iconoclasmo) que se desenvolvia no Ocidente. O Papado pôde, assim, exercer uma autoridade moral sobre o conjunto das Igrejas do Ocidente e participar da construção da ideia de Cristandade. Essa Cristandade Ocidental e latina sobreviveu ao esfacelamento do Império Carolíngio e à emergência dos principados territoriais, nos séculos IX e X, graças à constituição de uma cultura fundada em torno da doutrina e dos ritos cristãos à qual aderiram não só as elites laicas, mas também as camadas subalternas. Essa cultura se desenvolveu, em primeiro lugar, em virtude da vasta rede de mosteiros que, desde os séculos VI e VII, se espalhou pela Itália, pela Gália, pela Germânia, pelas ilhas Britânicas e pelo norte da península ibérica. Os monges tiveram um papel fundamental na conversão das populações rurais da Europa Ocidental; as escolas por eles fundadas atuaram como centros de formação do clero e das elites laicas. Os *scriptoria*, ateliês dos mosteiros nos quais os manuscritos eram produzidos ou copiados, permitiram que muitas obras da Antiguidade fossem preservadas e alimentassem os debates doutrinários, além de terem possibilitado o crescimento de uma ampla produção literária que incluía tratados, crônicas, histórias, anais etc. Além dos mosteiros, outro fator que contribuiu para o desenvolvimento de uma cultura cristã no Ocidente foi o movimento de reforma das instituições e dos costumes, iniciado no final do século VIII, durante o reinado de Carlos Magno. Conhecido como "Renascimento Carolíngio", esse movimento resultou de um esforço do poder político para promover a formação literária das elites laicas e eclesiásticas. No que se refere aos laicos, o objetivo era aperfeiçoar suas habilidades no exercício dos assuntos administrativos do reino e, mais tarde, do Império. No que diz respeito aos membros do clero, esperava-se deles um conhecimento mais aprofundado das regras monásticas, dos cânones conciliares (a legislação da Igreja) e, sobretudo, das Escrituras, de forma que pudessem ensinar corretamente os preceitos divinos ao rebanho de fiéis, corrigindo, ao mesmo tempo, todos os comportamentos pecaminosos. Se todos obedecessem a esses preceitos, o equilíbrio do reino estaria garantido e a salvação de todos também.

Para executar esse programa, Carlos Magno criou a Escola do Palácio, chamada pelos autores modernos de Academia Palatina. Reunindo os mais importantes eruditos do Ocidente – Paulo, o Diácono, Pedro de Pisa, Paulino de Aquileia, Alcuíno de York –, sua missão era formar os filhos da alta aristocracia no estudo da Literatura Clássica, do Direito, da Liturgia e da Gramática. Além disso, houve um esforço de padronização da escrita (por meio da introdução da minúscula carolina, uma escrita de forma redonda e regular, de fácil compreensão, difundida desde o final do século VIII), do aperfeiçoamento do estilo dos diplomas, da elaboração de obras sobre liturgia, sobre a doutrina cristã e sobre o pensamento político. O movimento não se restringiu à Escola do Palácio: vários mosteiros se afirmaram como centros de formação para as elites, como foi o caso nas cidades de Tours, Fulda, Auxerre e Corbi. Por ser uma iniciativa que dependia do poder imperial, o Renascimento Carolíngio não sobreviveu à crise do Império, no final do século IX. Mas seu impacto foi muito além: uma parte considerável das obras dos autores antigos só chegou até nós graças ao trabalho de cópia de manuscritos efetuado pelos monges carolíngios.

## SUGESTÕES DE LEITURA

Cândido da Silva, Marcelo. *4 de setembro de 476*: a queda de Roma. São Paulo: Lazuli/Cia. Editora Nacional, 2006.
\_\_\_\_. *A realeza cristã na Alta Idade Média*: os fundamentos da autoridade pública no período merovíngio (séculos V-VIII). São Paulo: Alameda Editorial, 2008.
\_\_\_\_; Dumézil, Bruno; Joye, Sylvie (Orgs.). *Les Lois barbares*: dire le droit et le pouvoir en Occident après la disparition de l'Empire romain. Paris: PUF, 2018.
Coumert, Magali; Dumézil, Bruno. *Les Royaumes barbares en Occident*. Paris: PUF, 2010. (Coleção Que sais-je?).
Dumézil, Bruno (Org.). *Les Barbares*. Paris: PUF, 2016.
Pirenne, Henri. *Historia de Europa*: desde las invasiones al siglo XVI. Cidade do México: Fondo de Cultura Económica, 1993.
Ward-Perkins, Bryan. *La caída de Roma y el fin de la civilización*. Madri: Espasa, 2007.
Wickham, Chris. *El legado de Roma*: una historia de Europa de 400 a 1000. Madri: Pasado y Presente, 2014.
\_\_\_\_. *Medieval Europe*. New Haven: Yale University Press, 2016.

# A dominação senhorial

A terra ocupava um lugar central nas sociedades do período medieval. A maioria esmagadora da população vivia no campo e obtinha, direta ou indiretamente, os meios de sua subsistência das atividades agrícolas, silvícolas e pecuárias. Isso é uma constante da história europeia, pelo menos até o advento da Revolução Industrial, no século XVIII, não sendo, portanto, uma particularidade do período medieval. O que caracteriza esse período são as relações de dominação que se estabeleceram entre, de um lado, os senhores de terras e, de outro, aqueles que nelas trabalhavam (os camponeses) e mesmo os que habitavam nas proximidades dos centros de poder senhoriais. Essas relações, que chamaremos aqui de "dominação senhorial", possuíam uma dimensão econômica: as obrigações monetárias ou em forma de serviço (corveias) que eram devidas pelos camponeses dependentes aos senhores em troca do direito de explorarem parcelas de terras cedidas por estes últimos. Contudo, elas iam além, englobando a proteção judiciária e militar oferecida pelos senhores tanto aos camponeses como aos habitantes dos arredores dos vilarejos, das vilas etc. Essa dominação incluía, igualmente, a cobrança de impostos ou mesmo a extorsão, mediante o uso da força militar, de bens e serviços das populações rurais por parte desses senhores.

A dominação senhorial não existiu de maneira homogênea na Europa Ocidental, nem se exerceu da mesma forma no campo e nas aglomerações urbanas, como veremos ao longo deste capítulo. Durante o período carolíngio (séculos VIII-X), a acumulação de terras e o direito de exercer a justiça localmente e de colher impostos em nome de reis e imperadores fortaleceram de modo considerável os senhores, oriundos da alta aristocracia. No entanto, eles permaneceram, ao menos teoricamente, dependentes dos poderes centrais, em nome de quem exerciam as funções políticas e judiciárias. A situação modificou-se com o enfraquecimento e o desaparecimento da dinastia carolíngia. Aproveitando-se desse vácuo, a partir do século X, os senhores (membros das aristocracias laica e eclesiástica) passaram a exercer em seu próprio nome aquelas funções que, até então, tinham exercido como uma delegação dos poderes centrais. Sintomático, nesse sentido, é o fato de que a expressão "rei pela graça de Deus" (*rex Dei gratia*), que os príncipes carolíngios haviam criado para realçar seu poder, cedeu lugar, a partir do século X, às expressões "príncipe pela graça de Deus" ou mesmo "conde pela graça de Deus". A aristocracia afirmava, assim, que seu poder não se originava mais de uma delegação do soberano, mas diretamente da divindade. Era uma forma de afirmar a autonomia dos territórios governados pelos aristocratas em face dos reis e dos imperadores que haviam sucedido aos governantes carolíngios, mas, ao mesmo tempo, mostrava que esses aristocratas também tinham que justificar a origem de seu poder, que era, igualmente, um poder público. Além do mais, a ênfase na origem divina do poder mostra a eficácia do processo de cristianização das elites políticas europeias, cujos marcos são a conversão do imperador Constantino, no século III, e a conversão do rei franco Clóvis, ocorrida por volta do século VI. A dominação econômica, política e jurídica da aristocracia é denominada "Senhorio territorial". Seu apogeu, entre os séculos XI e XIII, correspondeu ao período que os historiadores chamavam de "Feudalismo clássico", no qual o Senhorio estendeu-se sobre o conjunto das populações rurais, incluindo parte importante das comunidades camponesas livres.

O termo "Senhorio" é hoje mais utilizado do que "Feudalismo", em primeiro lugar, porque consegue definir, de maneira mais ampla, tanto as relações entre a aristocracia fundiária e os camponeses, livres e não livres, quanto as relações no interior da própria aristocracia. "Senhorio" permite atentar para o fato de que a dominação aristocrática no período medieval consistiu em um controle não somente do espaço, mas também dos homens. "Feudalismo" privilegia as relações interpessoais, estando por demais associado à vassalagem, conjunto de relações hierárquicas de uma pequena parcela do mundo aristocrático, nascidas da concessão de um "feudo" (um bem imobiliário, uma renda, um benefício) por um membro da aristocracia a outro. Embora "feudo" esteja presente nos textos do período medieval, "Feudalismo" aparece apenas no século XVII e designa os privilégios da nobreza que foram estabelecidos na época moderna e que, mais tarde, seriam abolidos pela Revolução Francesa. O "Senhorio" também é um termo moderno, mas seu uso tem a vantagem de permitir uma visão mais ampla do fenômeno da dominação senhorial, o qual não se restringia apenas à aristocracia e incluía os camponeses dependentes e os camponeses livres, chegando a alcançar até mesmo os habitantes de burgos, vilas, vilarejos e cidades.

A crise demográfica do final da Idade Média, resultado da grande peste e de guerras frequentes, acentuou muito a tensão entre o campesinato (submetido a uma pressão cada vez maior no âmbito da economia senhorial) e os senhores de terras. Dessa tensão nasceram as revoltas camponesas, que marcaram os séculos XIV e XV na Europa Ocidental. Essas revoltas, à exceção de um movimento de camponeses na Catalunha, foram esmagadas com violência e não colocaram em xeque a dominação senhorial. Isso ocorrerá, sobretudo, graças à ação dos poderes centrais, que, vitoriosos em face das revoltas camponesas, retiraram das mãos

## 46 HISTÓRIA MEDIEVAL

da aristocracia os principais mecanismos de controle sobre os homens. As sociedades urbanas, constituídas a partir dos séculos XII e XIII como resultado da dinâmica da economia senhorial, também consistiram em polos de resistência ao Senhorio. No entanto, os acordos envolvendo a obtenção de cartas de franquia (documentos que dispensavam as comunidades rurais e urbanas das obrigações fiscais, militares e jurídicas para com os senhores) e outras liberdades foram bem mais frequentes do que as revoltas.

## O GRANDE DOMÍNIO E A FORMAÇÃO DA DOMINAÇÃO SENHORIAL (SÉCULOS VIII-X)

O início do período carolíngio viu nascer uma estrutura produtiva que guardava algumas semelhanças com as *villae* da época romana (o termo "*villa*" designava originalmente o centro de habitat e de gestão do latifúndio, mas acabou sendo utilizado para definir o conjunto da estrutura fundiária), especialmente o uso da mão de obra escrava, ainda que numa escala mais reduzida. Essa nova estrutura produtiva tinha características peculiares. As mais importantes eram a existência de uma estrutura bipartida e de um conjunto de serviços braçais (corveias) devidos aos senhores por aqueles que trabalhavam diretamente com a terra. Chamado pelos historiadores, desde o final do século XIX, de Grande Domínio, ele era composto, em primeiro lugar, de uma reserva senhorial (chamada, nos textos, de "*mansus indominicatus*"), explorada pelo senhor por meio da utilização de mão de obra escrava e de corveias devidas pelos camponeses. Em segundo, de tenências camponesas (mansos), parcelas de terras cedidas pelos senhores e exploradas diretamente pelos camponeses dependentes e por suas famílias em troca de corveias, de taxas devidas em moeda e de pagamentos *in natura*, ou seja, em produtos.

Até os séculos VI e VII, as *villae* permaneceram uma estrutura fundiária bastante comum na Gália e nas penínsulas ibérica e itálica. No entanto, elas não eram uma evolução linear das *villae* romanas que, graças às turbulências dos séculos V e VI, haviam sido abandonadas (sobretudo na Grã-Bretanha, na Bélgica e na Picardia) ou sofreram profundas transformações. Onde as *villae* resistiram, elas atraíram – em virtude da proteção que podiam assegurar – os camponeses de origem romana ou bárbara que a pauperização ou a insegurança tinham expulsado de suas terras. As *villae*, no período merovíngio, eram algo distinto do que existia na época romana: uma parte dos escravos era alocada em parcelas de terras (tenências); estas eram em número reduzido, e aqueles que as exploravam eram obrigados a fornecer ao senhor excedentes e pagamentos, mas não serviços. As primeiras menções a corveias dos camponeses datam do final do século VI, mas foi a partir do século VIII que a prática se desenvolveu de forma sistemática, dando origem àquilo que os historiadores do século XIX qualificaram de Grande Domínio, como mencionado.

O Grande Domínio constituiu-se inicialmente na região localizada entre os rios Loire e Sena, por volta do final do século VII, sob a impulsão dos reis da dinastia merovíngia. Em seguida, durante os séculos VIII, IX e X, ele se estendeu para outras regiões da Gália, para a Itália e para a Germânia. Embora as *villae* tivessem desaparecido no mais tardar no momento do surgimento do Grande Domínio, este último não é a sua continuidade, mas um novo tipo de organização fundiária das grandes propriedades rurais, com base no controle econômico, jurídico e político de senhores sobre uma mão de obra dependente estabelecida nas tenências, não mais composta majoritariamente de escravos. Esses senhores exerciam, no campo político, a função de correias de transmissão do poder real.

Foram os 11 polípticos, redigidos nos séculos IX e X, que permitiram a identificação do Grande Domínio. Os polípticos constituem inventários detalhados do patrimônio fundiário, cuja redação era iniciativa do rei e/ou dos senhores, de bispos e abades de grandes monastérios. Divididos em capítulos (*brevia*), eles descrevem as diversas partes do domínio (terras, construções e engenhos da reserva senhorial, tenências camponesas) e contêm, algumas vezes, o recenseamento dos homens e a enumeração das obrigações dos dependentes. Os polípticos que chegaram até nós foram os redigidos em monastérios. Por um lado, isso mostra a preocupação dos estabelecimentos eclesiásticos com a preservação de toda documentação que servisse para provar sua posse legítima de bens e rendas. Por outro, indica também o papel econômico fundamental desses estabelecimentos ao longo do período medieval. As sucessivas doações de terras, bem como o dízimo (tornado um imposto obrigatório pelos reis carolíngios), enriqueceram consideravelmente a Igreja e os grandes monastérios. Estes últimos, como podemos observar através dos polípticos, eram dotados de grandes quantidades de terra e possuíam, entre os seus dependentes, milhares de pessoas, os camponeses e suas famílias.

O mais extenso e o mais antigo dos polípticos, redigido entre 811 e 829, é o de Saint-Germain-des-Prés, conhecido como "Políptico de Irminon". É também o mais detalhado de todos, fornecendo ao leitor a superfície de todas as terras repertoriadas, bem como os nomes de todos os habitantes das tenências. Esse políptico constitui a base a partir da qual a historiografia contemporânea construiu o conceito de Grande Domínio. Por essas razões, escolhemos examinar um de seus capítulos, o "*Brevium* de Gagny", que descreve as possessões da abadia na localidade do mesmo nome (Gagny é hoje uma cidade com cerca de 40 mil habitantes, localizada a 10 quilômetros a leste de Paris):

## UM INVENTÁRIO RURAL CAROLÍNGIO

"Existe em Gagny um manso dominial (*mansus indominicatus*) com uma residência e outros alojamentos em número suficiente. Há 4 parcelas de terra arável contendo 48 bonários [cerca de 60 ha], onde podemos semear 192 módios [medida de capacidade para sólidos, alqueire] de trigo, 66 arpentes [antiga medida agrária que vale de 50 a 51 ares; cada are equivale a 100 m²] de vinha onde podem ser colhidos 400 módios. Há na floresta uma circunferência total de 2 léguas, capazes de alimentar 150 porcos. Há 14 arpentes de prados, onde podemos colher 30 carroças de feno [...]

2. Anségarius, colono, e sua esposa, colona, chamada Ingalteus, têm com eles duas crianças, chamadas Angesildis, Ingrisma. Ele possui um manso independente, tendo três bonários, um quarto de terra arável, três arpentes de vinha. Ele paga para o exército, em um ano, quatro soldos de prata, e no ano seguinte dois soldos; para o pastoreio, dois módios de vinho; ele labora 4 perchas [medida de comprimento; cada percha equivale a 3 ou 4 metros] para a semente de inverno, 2 para o trigo tremês [que nasce e se torna maduro em três meses]; corveias, carretagens, mão de obra, corte de madeiras, onde lhe é ordenado; 4 galinhas, 15 ovos, 50 telhas.

3. Aldricus, colono, e sua esposa, colona, chamada Agentrudi, homens de Saint-Germain, têm com eles dois filhos, chamados Godinus, Senedeus. Ele possui um manso independente, tendo três bonários e meio de terra arável, um arpente de vinha, meio arpente de prado. Mesma coisa para o resto [...] Servos.

26. Alaricus, colono, possui um manso servil, tendo 3 bonários de terra arável, 2 arpentes de vinha, meio arpente de prado. Ele versa para o pastoreio 3 módios de vinho; cultiva quatro arpentes na vinha; ele labora para a semente de inverno duas perchas; corveias, carretagens, mão de obra, corte de árvores, onde lhe é ordenado; sete tochas, um sesteiro [medida de capacidade equivalente a 3 ou 4 alqueires] de mostarda, 4 galinhas, 15 ovos [...]

35. Há 23 mansos independentes e meio, 7 servis. Retira-se para o exército, num ano, 4 libras e 10 soldos de prata; no ano seguinte, para a carne, 2 libras e 5 soldos; 66 módios de vinho para o pastoreio; 118 galinhas com os ovos. Da capitação: 6 soldos e 4 denários." (LONGNON, Auguste (Ed.). *Polyptique de l'abbé de Saint-Germain-des-Prés rédigé au temps de l'abbé Irminon*. Trad. J. Durliat. Paris: Campion, 1895, t. 2, pp. 41-7. In: BRUNEL, Ghislain; LALOU, Élisabeth. *Sources d'histoire médiévale, IXᵉ-milieu du XIVᵉ siècle*. Paris: Larousse, 1992, pp. 55-7)

Os polípticos costumavam recensear, sucessivamente, em cada um de seus capítulos, os principais centros de gestão e, no interior de cada um deles, após a evocação do manso dominial (as terras diretamente exploradas pelo senhor), as unidades de exploração camponesa (os mansos camponeses), além de mencionar as pessoas que residiam nessas unidades (os camponeses, suas esposas e filhos) e as obrigações que pesavam sobre elas. A reserva senhorial compreendia terras aráveis, prados e florestas, uma sede (*curtis*), equipada com moinhos, granjas, celeiros e ateliês. Um intendente dirigia os domésticos, grupo composto, na maioria dos casos, por escravos e camponeses dependentes. Em troca do direito de exploração das tenências, os camponeses possuíam uma série de obrigações: pagamentos em espécie, *in natura* e em serviços (corveias) na reserva senhorial. O "*Brevium* de Gagny" menciona um manso dominial de cerca de 48 bonários, ou cerca de 60 hectares (sobre uma superfície total de 131 bonários), sem contar as vinhas e os prados.

Vemos claramente, por meio do texto, que a floresta da reserva senhorial não era um território "selvagem", mas se encontrava plenamente integrada nas atividades econômicas desenvolvidas no interior do Grande Domínio: em Gagny, podiam ser engordados 150 porcos. Isso mostra que as florestas estavam incorporadas à dinâmica da economia rural na Alta Idade Média. Assim, o aumento da superfície delas, após o fim da Antiguidade, não significou, necessariamente, um recuo das atividades econômicas.

A exploração do manso senhorial era garantida pelas corveias devidas pelos detentores dos mansos camponeses, essencialmente o trabalho agrícola e o pastoril, que podiam tomar de dois a três dias por semana. Os mansos camponeses eram divididos em mansos livres e em mansos servis. O que os distinguia eram os diferentes estatutos jurídicos daqueles que os exploravam: escravos, servos ou dependentes. Na prática, a distinção tendeu a desaparecer, devido ao fato de que estavam todos submetidos ao trabalho compulsório na reserva senhorial. Havia um contingente importante de escravos no Grande Domínio, utilizados no trabalho doméstico e também na produção, mas eles não constituíam o essencial da mão de obra. Esta era constituída, fundamentalmente, pelos indivíduos e por suas

A DOMINAÇÃO SENHORIAL **51**

famílias, instalados nas parcelas de terras dependentes das reservas senhoriais – as tenências –, em troca do pagamento de taxas e de corveias. Os próprios escravos foram instalados em tenências, de forma que deviam aos senhores, além da mão de obra compulsória, uma parte de sua produção e de seu trabalho, e não mais a totalidade destes.

O *"Brevium* de Gagny" menciona não só o nome dos camponeses, mas também o de suas esposas e os de seus filhos (alguns polípticos chegam a citar as idades das crianças). É tentador utilizar esses textos para proceder a uma história demográfica a partir deles: número e densidade populacionais, taxa de fertilidade dos casais etc. No entanto, é necessário ter cuidado na análise dos aspectos quantitativos dos polípticos: sua redação não atendia a necessidades de recenseamento populacional, mas servia para fixar o estatuto e as obrigações dos dependentes em relação ao senhor, e também oferecer a este último uma visão destas e de suas possessões fundiárias e dos equipamentos nelas existentes.

Outro aspecto quantitativo do texto, o montante das contribuições em moedas devido pelos camponeses ao senhor, é bem mais fiável, pois remete a essa função primordial dos polípticos de recenseamento das obrigações camponesas. O Grande Domínio era também um centro de percepção de taxas devidas aos senhores, ao rei e ao exército. O cálculo do montante em moeda versado pelos detentores dos mansos de todos os domínios da abadia de Saint-Germain-des-Prés mostra um valor impressionante: 22.726 denários (moedas de prata) por ano, ou seja, em média de 10 a 30 denários por exploração camponesa, segundo as diversas categorias de mansos repertoriados.

Havia duas condições para que os pagamentos em moeda ocorressem: as existências tanto de uma produtividade agrícola que gerasse uma quantidade suficiente de excedentes para permitir a transformação de parte deles em moeda como a de mercados rurais onde os camponeses poderiam vender uma parte de sua produção e obter moeda. Os volumes de produtividade cerealífera, em que pesem as diferenças regionais, giravam em torno de cinco a sete grãos colhidos por cada grão semeado. Esse valor, que corresponde à média da agricultura europeia, pelo menos desde a época romana até a Revolução Industrial,

## 52 HISTÓRIA MEDIEVAL

é suficiente para alimentar pequenos mercados situados em vilarejos, que são mencionados, aliás, nos capitulares carolíngios. É muito provável também que houvesse comutações de pagamentos em espécie para pagamento *in natura*, mas o contrário também podia ocorrer. Estudos em história comercial, monetária e urbana mostram não apenas que o mundo carolíngio era aberto às trocas comerciais, mas também que os mercados rurais tiveram papel importante no desenvolvimento urbano. Essa dinâmica do Grande Domínio não impediu casos frequentes de fome e mesmo de canibalismo, mencionados em diversas fontes escritas entre os séculos VIII e X. Sob Carlos Magno, assistimos ao estabelecimento de uma série de medidas destinadas a diminuir o impacto das crises alimentares, controle de preços, distribuição de esmolas etc., mas essas medidas desaparecem da legislação real em seguida. As igrejas, os monastérios e os senhores laicos procuravam assumir, pelo menos em parte, a responsabilidade com o auxílio às vítimas das crises alimentares, o que acabou por reforçar, a partir do século X, a entrada do campesinato nas relações de dependência.

As características do Grande Domínio variavam de região para região. Alguns se especializavam em atividades silvícolas e pastoris, outros, como era mais frequente, na exploração cerealífera e na produção de vinho, cujos excedentes eram comercializados nos pequenos mercados mencionados anteriormente. Não se tratava de uma organização autárquica; ou seja, ele não produzia todos os bens de que necessitava. Mercadorias como o sal e o ferro, por exemplo, deviam ser compradas em mercados. O período carolíngio não foi marcado por uma economia fechada, tampouco pela ausência de excedentes ou de circulação comercial. O Grande Domínio foi, em grande parte, responsável pelos progressos da economia ocidental entre os séculos VIII e X. Como mostraram estudos arqueológicos recentes, os primeiros movimentos maciços de arroteamentos (transformação de áreas não cultivadas em terras próprias à atividade agrícola) datam da época carolíngia, não dos séculos XI a XIII, como se pensava anteriormente. Parte dos excedentes agrícolas era utilizada em esmolas, na construção de monumentos e na compra de obras de arte e de objetos preciosos, mas outra era empregada na compra de gêneros alimentícios e reinvestida no aperfeiçoamento da produção. O Grande Domínio era uma forma racional de exploração da terra e trouxe consigo uma mudança importante na organização econômica da Europa Ocidental, através das técnicas empregadas, de suas formas de gestão, de sua preocupação com a rentabilidade e de seus níveis de produtividade – mais elevados, *a priori*, do que os da pequena propriedade.

## A CRISE DO IMPÉRIO CAROLÍNGIO E A PAZ DE DEUS

Desde a segunda metade do século IX, o Ocidente europeu foi atingido por uma série de incursões vindas do norte da África (sarracenos), da Escandinávia (normandos) e das estepes (húngaros). Os principais alvos dos invasores foram os monastérios, menos defendidos do que as cidades, bem como os centros de gestão dos grandes domínios (onde estavam estocados os produtos das colheitas). As lutas intestinas no seio da dinastia carolíngia, acentuadas depois da morte de Carlos, o Calvo (823-877), dificultaram e muito os esforços defensivos. Paralelamente, os principados começaram a ganhar força, tendo em vista a sua capacidade de fazer frente aos invasores. Os príncipes estabeleceram uma defesa eficaz diante deles, através de uma rede de castelos e de fortificações, que, uma vez assimilado o choque das invasões, em meados do século X, serviram à consolidação do poder territorial das elites regionais. A partir do final do século X, os principados, a seu turno, se fracionaram, dando origem a condados autônomos, sobretudo no sul e no leste da Gália, bem como na Germânia. Na *Francia* Ocidental (termo que, após o Tratado de Verdun, passou a designar o que seria mais tarde o Reino da França), uma nova dinastia, chamada capetíngia, substituiu os carolíngios, em 987, mas seu poder efetivo não ia além da região parisiense. Entre 924 e 962, o título imperial não foi mais outorgado. Em 962, a coroação de Oto I (912-973) como imperador do Sacro Império Romano Germânico restaurou um semblante de unidade, mas os novos imperadores dependiam do apoio dos príncipes, por quem eram eleitos.

Com o enfraquecimento da autoridade imperial, a Igreja permaneceu a única instituição a abranger todo o Ocidente europeu. Longe

54  HISTÓRIA MEDIEVAL

de ser uma estrutura centralizada em torno do poder do papa, tal como se observa a partir do século XII, ela era então uma federação de igrejas episcopais. Os bispos tentaram manter a paz, limitar a violência guerreira e, sobretudo, proteger os bens da Igreja e aqueles que não possuíam meios de fazê-lo sozinhos, através do movimento da Paz de Deus e, em seguida, do movimento da Trégua de Deus. A violência na Europa pós-carolíngia não era muito maior do que aquela que prevaleceu entre os séculos VIII e X. Todavia, o enfraquecimento dos poderes centrais tornou necessária uma reorganização dos meios para limitá-la e coibi-la. A Paz de Deus consistiu em uma série de assembleias reunidas em campo aberto e em presença de relíquias de santos, visando proteger da violência guerreira não só os indivíduos que não portavam armas (clérigos, camponeses, mercadores), mas também seus bens (terras, edifícios, rebanhos). Nessas assembleias, os participantes se engajavam, por intermédio de juramento sobre as relíquias de santos e sob pena do anátema e da excomunhão, em manter a paz. A partir dos anos 1030-1040, à Paz de Deus somou-se a Trégua de Deus, que prescrevia a suspensão temporária das atividades guerreiras durante os períodos litúrgicos do ano. Ambos os movimentos revelam a importância da paz como uma ideia que movia os clérigos desejosos de reformar a sociedade. Essa ideia já estava presente, ainda que de forma embrionária, na ideologia política dos primeiros séculos do período medieval. O *"Pactus Legis Salicae"*, por exemplo, editado pela primeira vez no início do século VI, já apresentava o rei como o garantidor da paz. Além do mais, as histórias e as crônicas dos séculos VI e VII estão repletas de exemplos de bispos que agiam como pacificadores dos conflitos no âmbito da aristocracia. A novidade do movimento da paz é ter apresentado um ideal de reforma da sociedade cristã por meio do estabelecimento de normas de conduta para a aristocracia.

Em que pese a novidade de ter delegado aos sacerdotes (e às relíquias de santos!) uma função judiciária, o movimento da paz também se integrou ao discurso e às estratégias políticas dos principais atores da dominação senhorial. As elites laicas e eclesiásticas cooperaram de forma decisiva no âmbito do movimento da paz. Os relatos das assembleias mostram a presença de pessoas influentes, que davam o seu acordo às medidas que eram adotadas. Se os bispos foram, em grande parte, os responsáveis pelo movimento da paz, os potentados locais também o foram. Por exemplo, o duque da Aquitânia, Guilherme V (c. 969-1030), esteve presente no Concílio de Charroux, de 1028, e no Concílio de Poitiers, de 1029. Em 1047, durante o Concílio de Caen, na Normandia, a Paz de Deus tornou-se a Paz do Duque; em 1064, na Catalunha, ela tornou-se a Paz do Conde. Da mesma forma, o Papado apropriou-se das ideias da Paz de Deus: durante o Concílio de Clermont, em 1095, o papa Urbano II (c. 1035-1099) estendeu as prescrições da Paz e da Trégua de Deus para toda a Cristandade. Em seu apelo para que os cristãos libertassem a Terra Santa do domínio muçulmano, o papa preconizava a paz entre os cristãos e o combate contra os infiéis, considerando uma guerra santa. Na primeira metade do século XII, os reis retomaram as prescrições do movimento da paz para afirmarem as suas prerrogativas em matéria judiciária. Na França, a Paz de Deus tornou-se, sob o reinado de Luís VII (c. 1120 -1180), a Paz do Rei.

As 21 assembleias e concílios do movimento da paz foram um mecanismo de defesa da liberdade e da integridade dos bens da Igreja, mais do que uma estratégia de defesa do campesinato ou de ataque à aristocracia laica. Não havia uma hostilidade generalizada contra a aristocracia guerreira, mas uma preocupação em garantir que as terras e os bens móveis, acumulados pelas igrejas e monastérios, não fossem apropriados por ela.

Após a desintegração da ordem carolíngia, os príncipes e, mais tarde, os duques e os condes, também desenvolveram iniciativas em proveito da paz, como podemos observar nos exemplos citados da Normandia e da Catalunha. A Paz de Deus não foi uma resposta à "privatização" do poder político por parte da aristocracia ou uma reação à afirmação do "Feudalismo" em torno do Ano Mil, mas um movimento das elites laicas e eclesiásticas com o objetivo de estabelecer uma ordem social conforme ao que essas elites interpretavam como a vontade divina.

Durante muito tempo, os historiadores acreditaram que a crise do Império Carolíngio teria marcado o início de uma fase de anarquia guerreira (contra a qual a Igreja teria tentado opor a Paz de Deus e a Trégua de Deus) e de privatização dos atributos do poder político, especialmente a cobrança de impostos e a realização da justiça. Esse duplo movimento, de anarquia e de privatização, teria sido característico da Mutação Feudal e dado início ao domínio senhorial (político, jurídico e econômico) da aristocracia sobre o campesinato. Essa ideia é, hoje, rechaçada por várias razões. Sabemos, atualmente, que algumas vidas de santos e alguns textos conciliares da época da Paz de Deus exageraram deliberadamente o alcance da violência da aristocracia laica, de modo a salientar a eficácia de santos e bispos em seu controle. Além do mais, as prerrogativas dos setores mais poderosos da aristocracia senhorial em matéria de justiça e de cobrança de impostos não eram de natureza privada, mas consistiam no exercício de uma forma de autoridade pública.

O poder exercido pelas franjas mais altas da aristocracia senhorial (príncipes, condes, duques) possuía a mesma natureza pública daquele exercido por reis e imperadores carolíngios. A diferença era que os príncipes, os condes e os duques exerciam esse poder sobre um espaço bem mais restrito e no qual se sobrepunha muitas vezes a função deles como proprietários de terras e como responsáveis pela cobrança de impostos e pela justiça. Não se pode esquecer que foram os reis e os imperadores carolíngios que delegaram à alta aristocracia, ao longo dos séculos VIII, IX e X, as funções fiscais e judiciárias, através, sobretudo, dos diplomas de imunidade. A entrada de funcionários e de juízes reais ficava proibida nas terras senhoriais que recebiam esses diplomas. E as funções jurídicas e fiscais passavam para as mãos dos próprios senhores. A autonomia política destes últimos se ampliou consideravelmente com o colapso da ordem carolíngia. Todavia, a dominação senhorial não surgiu, de repente, no Ano Mil, mas foi paulatinamente constituída pelo menos desde a época carolíngia.

# O SENHORIO TERRITORIAL (SÉCULOS XI-XIII)

Foi entre os séculos XI e XIII que o Senhorio, esse conjunto de direitos e rendas que fundava a dominação da aristocracia sobre os homens e sobre a terra, atingiu seu apogeu, consolidando seu enraizamento social e espacial iniciado à época carolíngia. O Tratado de Verdun, de 843, que dividiu o Império Carolíngio entre os netos de Carlos Magno, proibia que os indivíduos mantivessem os seus bens em mais de um dos três territórios nos quais o Império havia sido dividido. Essa medida diminuiu o raio de ação da aristocracia, cujos patrimônios se limitavam, a partir de então, a regiões cada vez menores. Por outro lado, contribuiu de forma decisiva para o enraizamento desse grupo social e para o aumento do controle que ele exercia sobre as populações rurais e urbanas. Graças à hierarquização no seio da aristocracia e à ascensão de um grupo mais rico de camponeses ao estatuto da pequena nobreza (os cavaleiros, que constituíam, inicialmente, a escolta armada dos senhores), houve uma multiplicação do número de senhores, visível através do aumento da quantidade de castelos e de fortificações após o Ano Mil.

Em toda a Europa Ocidental, ocorreu um processo lento e heterogêneo de concentração das populações em vilarejos, de construção de fortificações, mas também de articulação sistemática entre igrejas locais, cemitérios e habitats, além do estabelecimento generalizado de entidades territoriais compactas e contíguas, as paróquias e as dioceses. Esse processo, que na segunda metade do século XX foi denominado de "*ineclesiamento*", marcou de maneira geral a espacialização da dominação senhorial na Europa Ocidental em torno de dois polos principais: a igreja e o castelo.

Na Itália Central, as populações rurais reuniram-se em habitats construídos em torno de fortificações senhoriais situadas em locais elevados. Esse fenômeno foi estudado na década de 1970 e qualificado de "*incastellamento*". Nas décadas seguintes, esse modelo sofreu alguns ajustes, graças aos trabalhos de arqueólogos e de historiadores, mas o conceito permaneceu como um instrumento válido para explicar o processo de reagrupamento das populações rurais não apenas no centro da Itália, mas também no sul da França e na Catalunha. Sabemos, hoje, que os senhores não foram os únicos agentes do *incastellamento* – tendo havido inúmeros casos de reagrupamento espontâneo da população camponesa – e que os fatores militares (segurança e defesa) foram tão importantes quanto os fatores econômicos na origem desse reagrupamento. No nordeste da Europa, e também no norte da Itália, os locais de culto e os cemitérios constituíram polos importantes em torno do quais as populações se reuniram, mesmo antes do surgimento dos castelos senhoriais, o que foi definido por Robert Fossier como *"encelulamento"*. Em muitos desses casos, os castelos vieram se juntar aos habitats já existentes.

O processo de transformação do espaço entre os séculos XI e XIII não significou apenas o reagrupamento das populações. Ele foi também sinônimo de hierarquização desse espaço em torno de lugares cuja importância passou a se destacar em relação a outros, como era o caso das igrejas, dos monastérios e dos castelos. Os deslocamentos das populações para esses locais, por ocasião das missas, do pagamento do tributo ou das assembleias judiciárias, demonstram a existência de pontos de referência que hierarquizavam mesmo os habitats dispersos. A dominação senhorial era suficientemente eficaz para se projetar até sobre espaços onde as populações viviam dispersas. O senhor não era, necessariamente, o proprietário de todas as terras nos espaços sobre os quais ele exercia sua dominação. Bastava que ele possuísse uma parte considerável delas, juntamente com o poder de comando sobre os homens (o "ban" senhorial), para que a dominação senhorial se estabelecesse. Aquilo que caracteriza essa dominação a partir do século XI é o fato de que os grandes e os médios senhores passaram a considerá-la como um bem que se transmitia de forma hereditária. A aristocracia constituía um grupo bastante heterogêneo, indo desde o rei e os príncipes territoriais, passando por duques e condes, até os senhores de um ou dois castelos e aqueles que possuíam uma casa fortificada.

A espacialização da dominação teve efeitos importantes no seio da própria aristocracia, a começar pelo surgimento, na primeira metade do século XI, da prática de atribuir aos aristocratas um sobrenome (até então o uso corrente era apenas de nomes – por exemplo, Henrique), que correspondia ao nome das terras ou do castelo que eles controlavam. Ocorreu também a emergência de linhagens territoriais, ou seja, de linhagens que eram formadas em torno dos imperativos de continuidade patrimonial e toponímica. Por exemplo, caso um senhor morresse sem herdeiros masculinos, suas filhas poderiam herdar seus bens, mantendo o sobrenome de origem (associado ao castelo e às terras), uma vez que os maridos adotavam esses mesmos sobrenomes.

O impacto do Senhorio territorial sobre o campesinato é visível, sobretudo através da diminuição do número de alódios camponeses, terras sobre as quais não pesavam nem taxas nem serviços. No entanto, eles não desapareceram completamente. A dominação senhorial não se exercia apenas sobre o campesinato, mas abrangia também diversas outras categorias da população, como habitantes dos vilarejos, das vilas e das cidades, artesãos, oficiais de justiça. Os graus de dependência dos camponeses também variavam. Os servos, por exemplo, eram aqueles que estavam, com a sua descendência, presos à terra e dependentes de seu senhor, tanto do ponto de vista pessoal quanto patrimonial e mesmo matrimonial: o servo era obrigado a indenizar o senhor caso quisesse se casar com alguém de fora das terras senhoriais e partir ou, ainda, caso desejasse transmitir seus bens aos seus herdeiros. Todavia, os servos nunca constituíram uma maioria, variando, de acordo com a época e com o lugar, entre 5 e 50% da população rural. Houve, de fato, um aumento da pressão senhorial sobre o campesinato livre, mas as condições que pesavam sobre os camponeses dependentes (que podiam ser ou não servos) só se agravaram a partir da segunda metade do século XII. Observam-se, por exemplo, a interdição e a regulamentação do acesso aos espaços incultos, essenciais para a economia camponesa. Em algumas regiões, como na Toscana, o poder dos senhores sobre os camponeses permaneceu bastante frágil. Já na Lombardia, o número de dependentes aumentou consideravelmente no mesmo período.

As corveias, características do Grande Domínio, como vimos anteriormente, desapareceram na maior parte da Europa (à exceção da Itália do Sul e da Inglaterra) a partir dos séculos X e XI, substituídas por um pagamento que poderia ocorrer de uma só vez (uma espécie de compra do direito perpétuo de explorar a terra) ou em taxas anuais. Mesmo nesses casos, os senhores continuavam a exercer um domínio político

# 60 HISTÓRIA MEDIEVAL

sobre os camponeses, incluindo os direitos de justiça e de cobrança de impostos. O Senhorio, que deu lugar ao Grande Domínio, possuía como característica distintiva a substituição das corveias por formas de pagamento em dinheiro.

A espacialização da dominação senhorial também teve impacto na hierarquização da aristocracia, sobretudo no norte da Europa, onde parte considerável dos domínios da aristocracia era obtida mediante o estabelecimento de relações vassálicas. No sul da Europa, predominaram os alódios, terras livres de obrigações vassálicas e que tinham sido obtidas através de herança ou do enriquecimento. O contrato feudo-vassálico comportava obrigações recíprocas e, por meio delas, fundava relações sociais no seio da aristocracia: o senhor deveria proteger seu vassalo, mas seria preciso também retribuir sua fidelidade pela concessão de bens ou de rendas. Os vassalos, em troca da concessão do feudo (que poderia ser um bem fundiário, uma fonte de rendas, ou, ainda, como na Catalunha, um simples soldo atribuído ao vassalo), prometiam aos senhores fidelidade e serviços.

Isso ocorria em cerimônias nas quais o vassalo jurava, sobre relíquias, fidelidade ao suserano, como podemos observar nesta cena da *Tapeçaria de Bayeux*, que data do século XI:

A DOMINAÇÃO SENHORIAL    61

Cena da *Tapeçaria de Bayeux*, que mostra o juramento prestado por Harold Godwinson ao duque Guilherme da Normandia.

A partir do século XII, os juramentos passaram a ser feitos com mais frequência sobre os Evangelhos. Qualquer que fosse o suporte utilizado, essas cerimônias marcavam a hierarquização entre os diversos níveis de poder e de fortuna no seio da aristocracia, além de promoverem uma importante redistribuição de rendas no meio desse grupo. O feudo escapou progressivamente ao controle do senhor para entrar no patrimônio do vassalo: sua hereditariedade se impôs e ela foi acompanhada pela ascensão do poder dos vassalos. As relações feudo-vassálicas também promoveram uma interação maior entre os grupos aristocráticos e uma multiplicação do número de senhores, o que gerava grande complexidade das relações sociais. Por exemplo, indivíduos que, em razão de feudos obtidos de senhores diferentes, possuíam vários suseranos, ou, ainda, uma mesma terra sobre a qual incidiam os direitos de diversos senhores. Um vassalo poderia ser, inclusive, mais rico e poderoso do que o seu suserano. No final da Idade Média, o rei inglês, pelas terras que possuía em feudo na França, era vassalo do rei francês, uma situação que ajuda a explicar a eclosão da Guerra dos Cem Anos.

No entanto, não podemos exagerar a extensão das relações feudo-vassálicas. Mesmo com a prática de concessão de feudos a setores mais abastados do campesinato, o chamado "feudo camponês", essas relações permaneceram uma segmentação dentro dos grupos aristocráticos. Além do mais, elas englobaram uma parcela restrita da aristocracia, sobretudo no sul da Europa, onde as concessões de feudos eram uma prática menos difundida.

---

### OS LIMITES DA "FEUDALIZAÇÃO"

"O feudo, e tudo o que ele implica, atinge uma franja ínfima da população, a mais barulhenta, é verdade, mas o historiador não pode sucumbir às caretas dos saltimbancos. Havia, na melhor das hipóteses, 20.000 'feudais' sobre os dez milhões de habitantes e os 600.000 km$^2$ do Império [Romano Germânico]; mesmo na Normandia, reputada por sua 'feudalização', encontramos 2.800 possessores de feudos em 25.000 km$^2$, no total, um homem (e sua família) por cada 10 ou 30 km$^2$." (FOSSIER, Robert. *La société médiévale*. Paris: Armand Collin, 1991, p. 287)

---

Dessa forma, como dissemos no início deste capítulo, o termo "dominação senhorial" é mais apropriado do que "Feudalismo" para se referir às sociedades dos séculos VIII a XV.

A violência desempenhava um papel ambivalente no âmbito da dominação senhorial. De um lado, ela permitiu, muitas vezes, que o Senhorio se consolidasse em face de grupos reticentes, fossem camponeses livres ou pequenos senhores, pouco desejosos de entrar em uma relação de dependência. É o que mostra o texto a seguir, redigido no norte da Itália na primeira metade do século XI, que narra as tentativas de uma família de senhores laicos de submeter os cônegos de um "capítulo catedralício" à sua dominação. O capítulo era um conjunto de cônegos cujo ministério consistia em manter a recitação do Ofício Divino em coro na catedral. Serviam como conselho do bispo na administração diocesana e na cura pastoral das igrejas e da cidade-sede do bispado. Até o século XIII, formavam também o colégio eleitoral dos bispos de cada cidade. O texto a seguir foi escrito por um dos cônegos do capítulo e descreve os esforços de uma família de aristocratas para manter sob seu controle um castelo e uma extensão de terra, pertencentes a um Senhorio eclesiástico, e que os aristocratas haviam obtido em condições bastante vantajosas:

---

### SENHORIO E VIOLÊNCIA

"Aqui começa o inventário das maldades que foram feitas e que fazem ainda os filhos de Guido aos cônegos de Reggio [norte da Itália], em Rivalta e em outros lugares. Quando Ildeberto era preboste [agente] do referido capítulo, ele tomou consigo a filha do padre Asprando e fugiu contra a vontade do bispo Teuzo [bispo de Reggio, de 979 a 1030] para se colocar sob o poder dos filhos de Gandolfo. Para obter a proteção contra o bispo, ele fez para eles um ato de *livello* [arrendamento durante 29 anos] para o castelo e para o domínio de Rivalta, contra a vontade do bispo e dos cônegos. Desde então, eles não cessaram a perseguição, a tal ponto que o único poder que os cônegos tiveram sobre esse domínio foi aquele que [os filhos de Gandolfo] quiseram deixar-lhes [...] Faz muito tempo que o *livello* terminou, mas eles se recusaram a restituir o domínio e reiniciaram com mais força as suas perseguições. Em Nocetolo, eles tomaram dos cônegos uma grande parte de sua terra. Ao padre Giovanni, eles tomaram um camponês juntamente com o dízimo e com todas as taxas que ele pagava; eles possuem uma terra, que era de Teuzo Tosco, sem pagar nenhuma taxa por ela. Fazem o mesmo com o arquidiácono Aicardo. Entre eles, [aquele que é chamado de] conde de Rivalta ocupa pela força a casa e a terra do padre Giovanni. Da mesma forma, seus servos ocupam pela força a terra de um dos domésticos dos cônegos [...] Eles incendiaram Arceto, castelo que pertence ao nosso capítulo, com sua igreja e atacaram as casas de nossos camponeses que residiam em Sabbione, cortaram as árvores, as vinhas e uma parte da floresta." (In: GUYOTJEANNIN, Olivier. *Archives de l'Occident.* Paris: Fayard, 1992, t. 1. Le Moyen Âge (Vᵉ-XVᵉ siècle), pp. 298-9).

---

A violência era também um instrumento que garantia a apropriação dos excedentes camponeses por parte dos grupos senhoriais. Ela era utilizada como resposta às contestações, como atesta este relato:

## REVOLTAS CAMPONESAS NA NORMANDIA

"Enquanto ele [o duque Ricardo II] distribuía abundantemente riquezas de uma grande honestidade, nos primeiros tempos de sua mocidade, começou a crescer no ducado normando a semente de uma divisão mortal. Porque os camponeses dos diferentes condados da pátria normanda, em um mesmo movimento, se reuniram em inúmeros conciliábulos e decidiram viver segundo seu prazer e usar suas próprias leis, tanto no que diz respeito à renda das florestas quanto no que se refere à exploração dos córregos, sem se preocuparem com o direito estabelecido anteriormente. Para impor esses princípios, cada grupo dessa multidão em fúria enviou dois deputados à assembleia geral, que deveria se reunir no centro do país para ratificar essas decisões. Quando o duque tomou conhecimento disso, ele enviou o conde Raul com uma multidão de combatentes para reduzir essa ferocidade campesina e dispersar o conjunto dos camponeses. Sem esperar as ordens, este último se amparou rapidamente de todos os deputados e de muitos outros que estavam com eles, mandou que cortassem suas mãos e seus pés e devolveu-os, impotentes, aos seus próximos. Estes se abstiveram a partir de então de tais atos e o medo de sofrer algo semelhante tornou-os mais prudentes. Os camponeses, instruídos pela experiência e tendo esquecido suas assembleias, retornaram às suas carroças." (A revolta de 966 segundo Guilherme de Jumièges (1066). In: MAZEL, Florien. *Féodalités, 888-1180*. Paris: Belin, 2010, p. 183)

De outro lado, a dominação senhorial, através das relações de obrigação e de dependência que criava entre os homens, não deixava de ser um fator de ordenamento social. A paz era uma condição importante para o funcionamento das relações senhoriais: sem ela, havia o risco de diminuição das rendas dos senhores, de desestruturação da produção, entre outros. Em suma, a violência não era um dado estrutural da dominação senhorial. Dois exemplos mostram isso muito bem. O primeiro é um ato que testemunha o estabelecimento da dominação senhorial na Inglaterra:

O texto anterior mostra que a dominação senhorial também se assentava no consentimento. É claro que esse consentimento era mais fácil de ser obtido em condições nas quais o crescimento econômico permitia uma limitação das rendas exigidas dos camponeses sem que houvesse, por isso, uma diminuição das rendas senhoriais. O crescimento econômico dos séculos X a XIII facilitou a concessão desses benefícios aos camponeses, pelo menos no que se refere aos seus extratos privilegiados. No entanto, a pressão aumentou consideravelmente a partir da segunda metade do século XIII, até tornar-se insuportável quando o Ocidente se viu em uma conjuntura de crise, a partir da metade do século XIV.

Muito embora os séculos XI-XIII não tenham inaugurado a expansão econômica europeia, todos os indícios apontam para um crescimento econômico expressivo nesse período. A economia senhorial não era apenas uma economia de despesa e de consumo, mas também de reinvestimento. É o que mostram as políticas de conquista de novos territórios, sobretudo na região em torno de Paris e no Sacro Império Romano Germânico, os novos empreendimentos urbanos (a fundação de "vilas novas" ou o estabelecimento de burgos), bem como as reorganizações do habitat (*ineclesiamento*), a introdução de novas técnicas agrícolas (rotação trienal dos solos, arados e moinhos mais eficazes) e o desenvolvimento dos mercados a partir do século XI. Como no período carolíngio, esse crescimento acentuado não significou a ausência de crises alimentares: o historiador Pere Benito i Monclús recenseou 20 episódios suprarregionais de fome entre 1090 e 1260. Os fenômenos climáticos desempenharam um papel menos importante nessas crises de grande amplitude geográfica do que os próprios efeitos da expansão dos mercados entre os séculos XI e XIII: rumores, especulação, compras maciças de cereais no norte da Europa por parte das cidades italianas provocavam alta de preços e fome. Esses episódios de fome mostram que a economia senhorial não era uma economia de subsistência, pois os mercados já começavam a atuar de forma suprarregional e uma parte considerável da população era atingida pela alta de preços dos bens alimentícios. Por outro lado, as diferenças sociais e o aumento da pressão senhorial ajudam a explicar o agravamento das condições de vida dos camponeses dependentes. As necessidades econômicas dos poderes locais, das monarquias e da Igreja levaram a um aumento considerável da pressão fiscal sobre os rendimentos camponeses e dos abusos dos senhores, os quais as cartas de franquias ajudaram a limitar em algumas regiões.

## A CAVALARIA

A dominação senhorial contribuiu para reforçar a hierarquização da sociedade não só através do desenvolvimento da vassalagem, que vimos anteriormente, mas também por meio da ascensão da Cavalaria. Na época carolíngia, os cavaleiros constituíam a elite dos exércitos cristãos, com seus combatentes mais bem equipados (malhas de aço, espadas e montarias) e mais bem treinados. Com o colapso da ordem imperial, uma parte desse grupo passou a atuar de forma autônoma, enquanto outra colocou-se a serviço dos senhores territoriais, recebendo, em troca, castelos, patrimônios fundiários e títulos. A intensificação desse processo, a partir do século XI, fez os cavaleiros emergirem como um grupo social, uma pequena aristocracia. A cerimônia que marcava o ingresso oficial na Cavalaria, após um período de formação militar, era a entrega das armas, ou adubamento, durante a qual o jovem cavaleiro se comprometia a defender o povo e a manter a paz. A partir do século XIII, na França e na Inglaterra, a Cavalaria tornou-se cada vez mais um círculo restrito, uma espécie de confraria superior, que defendia e preservava os mais puros valores da aristocracia, religiosos e mundanos. Essa assimilação à alta aristocracia reforçou a prática da hereditariedade, fazendo com que a função de cavaleiro fosse transmitida de pai para filho. De maneira paradoxal, a Cavalaria tornou-se praticamente o único meio de acesso à aristocracia que não passava pelo sangue, na medida em que ao rei era acordado o direito de recompensar os serviços de um homem que não pertencia à aristocracia, tornando-o um cavaleiro, o que transgredia as regras da hereditariedade.

Desde o século XI, a Igreja esforçou-se para disciplinar o comportamento dos cavaleiros, em primeiro lugar, fazendo com que o adubamento fosse acompanhado de vigílias, de orações, de uma benção e de um sermão, realizados por um padre. Em segundo lugar, através da condenação dos excessos e da violência dos cavaleiros, quando praticados contra cristãos. Esse esforço também se traduziu na promoção da violência contra os inimigos da Cristandade, por meio notadamente das cruzadas, como veremos no capítulo "Igreja e sociedade". Um dos melhores exemplos dessa intenção da Igreja de colocar a Cavalaria a seu serviço é a obra *Elogio da nova cavalaria*, escrita pelo monge Bernardo de Claraval (1090-1153). Nessa obra, ele tece comentários laudatórios aos Cavaleiros do Templo, uma ordem militar que tinha acabado de ser criada, propondo-lhes, a partir da evocação do Santo Sepulcro, um caminho de conversão, um itinerário espiritual e uma reflexão sobre a salvação. Essas concepções se associam estreitamente ao ideal de guerra limitada, no interior da Cristandade, e de Guerra Santa, contra aqueles que eram chamados de infiéis, propagado a partir do século XI, como veremos no capítulo "Igreja e sociedade". A Igreja não foi a única a tentar instrumentalizar a Cavalaria; reis e príncipes também tentaram colocá-la a seu serviço. Nos séculos XIV e XV, foram criadas diversas ordens de Cavalaria, como a Ordem da Jarreteira (1348), na Inglaterra, e a Ordem da Estrela (1351-2), na França. Elas tinham os soberanos como chefes, sendo, na verdade, uma forma de agregar a alta aristocracia em torno de reis e príncipes e de torná-la um instrumento do exercício do poder monárquico. À Cavalaria foi associado um conjunto de regras de comportamento, difundidas através de uma série de obras, tratados e romances de Cavalaria, cuja maior difusão ocorreu no século XIV. Essas regras compunham uma verdadeira ética cavaleiresca, segundo a qual o cavaleiro deveria se distinguir pela coragem, pela eficácia, pela bravura, pela lealdade e pela generosidade.

Um dos exemplos da literatura destinada a cristianizar a Cavalaria é o *Livro da Ordem da Cavalaria*, do filósofo e poeta Raimundo Lúlio (c. 1232-1316), redigido no formato de ensinamentos de um velho cavaleiro a um jovem. Nos trecho a seguir, o autor apresenta alguns dos deveres do cavaleiro, bem como o sentido alegórico de sua espada:

## UM MANUAL PARA OS CAVALEIROS

"Ofício de cavaleiro é manter e defender o seu senhor territorial, pois nem rei, nem príncipe, nem alto barão poderão, sem ajuda, manter a justiça entre os seus vassalos. Por isso, se o povo ou algum homem se opõe aos mandamentos do rei ou do príncipe, devem os cavaleiros ajudar o seu senhor, que, por si só, é um homem como os demais. E assim, é mau cavaleiro aquele que mais ajuda o povo do que o seu senhor, ou que quer fazer-se dono e tirar os estados do seu senhor, não cumprindo com o ofício pelo qual é chamado cavaleiro [...] Ofício de Cavalaria é guardar a terra, pois por temor dos cavaleiros não se atrevem as gentes a destruí-la nem os reis e príncipes a invadir uns a dos outros. Mas o cavaleiro malvado que não ajuda o seu senhor natural e terrenal contra outro príncipe é cavaleiro sem ofício [...] Tudo o que porta o padre para rezar a missa tem um significado adaptado ao seu ofício. E para que o ofício do clérigo e o do cavaleiro se pareçam, a ordem de Cavalaria pede que tudo aquilo que o cavaleiro necessita para exercer o seu ofício tenha um significado que manifeste a nobreza da ordem de Cavalaria. Ao cavaleiro dá-se uma espada, feita à imagem de uma cruz, para significar que, como o Nosso Senhor Jesus Cristo na cruz venceu a morte que incorremos em razão do pecado do nosso pai Adão, da mesma forma o cavaleiro com a sua espada deve vencer os inimigos da cruz. E como a espada possui dois gumes e que a Cavalaria é instituída para manter a justiça, que consiste em distribuir a cada um aquilo que lhe é de direito, a espada significa que o cavaleiro, através dela, deve manter cavalaria e justiça [...]" (LÚLIO, Raimundo. *Libro de la Orden de Caballería*. In: LLULL, R. *Obras literarias*. Madri: BAC, 1948, pp. 114-5, p. 129; trad. das pp. 114-5: PEDRERO-SÁNCHEZ, Maria Guadalupe. *História da Idade Média*: textos e testemunhas. São Paulo: Editora Unesp, 2000, p. 101)

A história da Cavalaria vai muito além do período medieval, visto que algumas ordens sobreviveram até a época contemporânea. Contudo, seu percurso entre os séculos XI e XV acompanha o desenvolvimento da dominação senhorial: nascida no momento da fragmentação do poder público, a Cavalaria se afirma ao mesmo tempo que o poder da aristocracia se territorializa e se enraíza, até acabar sendo incorporada, na forma de Ordens, às estratégias de centralização levadas a cabo pelos Estados monárquicos a partir do século XIV.

## CIDADES E SOCIEDADES URBANAS

Até há alguns anos, acreditava-se que, após o fim do Império Romano, as cidades na Europa Ocidental teriam entrado em declínio ou em letargia, formando minúsculas ilhas em um oceano rural. Os trabalhos do historiador belga Henri Pirenne foram fundamentais para difundir a tese do declínio da vida urbana na Alta Idade Média. Essa tese pode ser resumida da forma que segue: a expansão muçulmana, ao atingir o norte da África e a península ibérica, no início do século VIII, teria fechado o Mediterrâneo aos navios cristãos e posto fim ao comércio entre o Ocidente e o Oriente. Isso trouxe como principal consequência o declínio das cidades ocidentais que haviam sobrevivido ao impacto das invasões bárbaras. As invasões normandas, a partir do final do século IX, provocaram um impacto ainda maior, levando ao colapso do comércio e ao fim das redes de trocas que ligavam os centros urbanos. De acordo com Pirenne, dois tipos de aglomerações teriam subsistido: em primeiro lugar, as cidades da época romana, tornadas sedes das dioceses e locais de residência dos bispos; em segundo, os burgos ou castelos, centros de defesa e fortificações que se multiplicaram como consequência das invasões normandas e do fim da ordem carolíngia. Ambas as entidades seriam completamente desprovidas de função comercial, numa economia que se teria voltado para a subsistência. Esse declínio só seria remediado a partir do século XI, graças ao renascimento comercial. Esse revigoramento do comércio internacional teria beneficiado grupos de mercadores que se sedentarizaram, seja criando centros de comércio, que se transformariam mais tarde em cidades, seja se instalando nas periferias das cidades já existentes. Essas novas aglomerações e os ideais de liberdade comercial e política que elas trariam consigo entraram em choque com a ordem senhorial. As cartas de franquia, mencionadas anteriormente, seriam o indício da vitória política desses grupos emergentes e o prenúncio de uma nova ordem social.

As pesquisas realizadas por historiadores e por arqueólogos ao longo dos últimos anos contribuíram para colocar em xeque essa interpretação. Em primeiro lugar, a expansão muçulmana, ainda que tenha impactado negativamente o comércio internacional a partir do século VIII, não provocou o seu desaparecimento. Houve uma diminuição da intensidade das trocas comerciais através do Mediterrâneo, mas isso ocorreu mais de um século antes do que supunha Pirenne e se deveu à chamada peste Justiniana (que recebeu esse nome por ter feito entre as suas vítimas o imperador Justiniano), que atingiu o Ocidente em meados do século VI e que teria provocado, segundo estimativas, a morte de cerca de um quarto da população da Europa Ocidental. Além disso, nada indica que o comércio à curta distância tenha desaparecido nos primeiros séculos do período medieval. Ao contrário, algumas vidas de santos relatam o comércio de sal, vinho e azeite entre as aglomerações urbanas do Ocidente.

O desenvolvimento da arqueologia preventiva na Europa Ocidental, particularmente na França, contribuiu para aperfeiçoar os nossos conhecimentos a respeito das aglomerações urbanas da Alta Idade Média (sobre as quais os textos escritos são, em geral, lacunares). As antigas cidades romanas tornaram-se, essencialmente, locais de residência dos bispos, sedes das dioceses. Sua geografia se alterou de modo considerável: destarte, elas se organizavam em torno de igrejas, catedrais, monastérios e cemitérios. No entanto, as atividades comerciais não desapareceram, como testemunha a existência de espaços destinados aos mercados. As crônicas e as histórias dos séculos VI e VII relatam a existência de mercadores e de mercados situados nessas cidades episcopais. Além disso, os próprios polípticos, como vimos, possuem indicações da existência de um comércio local entre os séculos IX e X, o qual servia como canal de escoamento dos produtos dominiais.

A grande novidade trazida pela economia senhorial, a partir do século X, é o nascimento do vilarejo, fruto da vontade dos senhores de controlarem melhor o espaço e os homens. Até o Ano Mil, o habitat camponês era bastante incipiente e instável, marcado por cabanas construídas com técnicas rudimentares, utilizando quase exclusivamente a madeira e a terra. Essas aglomerações são definidas como "habitats centrados", pois se organizavam em torno de igrejas ou de oratórios rurais. Em alguns casos, os arqueólogos identificaram nessas aglomerações a existência de residências senhoriais, mas essa não parece ter sido uma característica recorrente do habitat rural antes do aparecimento do vilarejo. O vilarejo, por sua vez, é compreendido como um habitat permanente agrupado em um local preciso, associado a uma exploração agrícola e a um grupo de homens dotados de uma personalidade moral, expressa através de instituições diferentes, especialmente a paróquia e a comunidade rural.

O crescimento urbano, acelerado a partir do Ano Mil, foi, em grande medida, o fruto da dinâmica da economia senhorial. Os mosteiros e os domínios laicos dirigiam a sua produção para mercados existentes nos diversos tipos de aglomerações urbanas. As cidades, os vilarejos e os burgos eram o destino privilegiado dos excedentes captados no campo. Esses aglomerados urbanos possuíam uma relação de simbiose com o mundo rural que os cercava, e essa simbiose foi uma das condições que favoreceram o seu crescimento. As operações comerciais eram impulsionadas, sobretudo, pela iniciativa senhorial. No caso de Roma, por exemplo, os grandes monastérios enquadravam a urbanização, passando contratos de loteamento para os novos habitantes. Além do mais, o desenvolvimento agrícola forneceu o excedente de mão de obra e de produtos de que necessitava o comércio. Segundo estimativas, a população da Europa Ocidental dobrou entre 950 e 1300; na Inglaterra, ela provavelmente triplicou.

---

### ECONOMIA SENHORIAL E MUNDO URBANO

"Esse crescimento urbano é, em vários aspectos, filho do crescimento rural. O desenvolvimento dos campos alimenta, inicialmente, o crescimento demográfico que despeja o seu excedente nas cidades. De fato, como mostram os estudos feitos sobre Reims e Metz no século XIII, o essencial do crescimento demográfico urbano se deveu à chegada regular de populações oriundas dos campos próximos, isto é, uma zona distante de dez a quinze quilômetros da cidade. Alguns estudos antroponímicos feitos nas populações de Amiens ou de Bordeaux sugerem que o mesmo ocorria no século XII: em Amiens, por exemplo, 85% dos sobrenomes toponímicos dizem respeito a vilarejos distantes menos de 60 km da cidade." (MAZEL, Florien. *Féodalités, 888-1180*. Paris: Belin, 2010, p. 394)

74 HISTÓRIA MEDIEVAL

A economia senhorial não apenas favoreceu o crescimento urbano como também necessitava dele, pois as cidades eram centros de consumo de artigos de luxo (especiarias, vinhos, tecidos, joias, armas preciosas etc.), locais onde estavam situados a maior parte das granjas e dos celeiros e também polos de valorização dos rendimentos senhoriais. O Senhorio territorial obtinha taxas sobre os mercados e sobre o transporte de mercadorias, sobre as resoluções de conflitos, entre outras. Clérigos, cavaleiros e grandes senhores engajaram-se cada vez mais nas atividades comerciais e imobiliárias. Daí o interesse dos senhores em estabelecer locais de mercado ao lado de castelos e de abadias ou ainda promover a fundação de vilas novas, o que ocorreu tardiamente, a partir dos séculos XII e XIII. As vilas novas eram o resultado de operações programadas de desenvolvimento urbano e expandiram-se em regiões pouco ou nada urbanizadas, como a Germânia. É o caso de Wiener Neustadt (Nova Viena), fundada pelo duque Leopoldo V (1157-1194), em 1194.

Assim, o crescimento das cidades foi apenas um dos aspectos do revigoramento da vida urbana a partir do Ano Mil. Na ausência de dados demográficos fiáveis, esse crescimento é visível, sobretudo, por meio de indícios fornecidos pela arqueologia: o aparecimento dos vilarejos, a construção de novas muralhas, a fundação de novos bairros, a construção de novas igrejas, catedrais, hospitais etc. No caso das cidades, o revigoramento urbano apoiou-se em uma estrutura polinuclear, da qual faziam parte a *civitas* original (a cidade administrativa e episcopal), o burgo monástico, o burgo castral (centro de defesa e de poder) e o burgo mercantil. É o caso de Paris, de Florença, de Milão, de Toulouse, de Reims, de Colônia, de Tournai, entre outras.

Os dois grandes polos do comércio internacional a partir do século XI situavam-se no Mediterrâneo e no mar do Norte. O primeiro era dominado pelas grandes cidades italianas, especialmente Florença, Veneza, Pisa, Milão e Gênova. Entre elas, Veneza estabeleceu sua preponderância no comércio com o Oriente bizantino desde o final do século XI. Essa situação privilegiada iria se reforçar com as cruzadas. As cidades importavam especiarias e artigos de luxo e exportavam produtos de metalurgia (estanho, cobre e prata) e têxteis (essencialmente tecidos de Flandres e da França).

A DOMINAÇÃO SENHORIAL **75**

Elas também se dedicavam ao comércio de escravos e de grãos (neste último caso, fazendo a ligação entre as regiões produtoras – Sicília, Provença e Bálcãs – e as regiões consumidoras). No mar do Norte, os escandinavos dominaram o comércio de produtos alimentícios, madeira, metais e peles até o final do século XII, quando foram suplantados pelos mercadores alemães. No século XIII, esse espaço era centrado em torno de uma só cidade: Bruges. O grande mercado da lã inglesa alimentava as cidades tecelãs de Flandres. Compreendidas entre esses dois grandes espaços, estavam as feiras comerciais de Champanhe. Desde meados do século XII até o início do século XIV, elas se sucediam seis vezes por ano e sob proteção senhorial em quatro cidades, Provins, Troyes, Lagny e Bar-sur-Aube. A fortuna das feiras de Champanhe vem menos da posição geográfica do que de fatores políticos: os condes de Champanhe (a começar por Henrique, o Liberal, 1127-1181) colocaram as feiras sob sua proteção.

O grande comércio sobre o qual estamos muito bem documentados, e que envolvia artigos de luxo como a seda e as especiarias, não é o único a atestar a expansão econômica dos séculos XI a XIII. O comércio à curta distância, envolvendo produtos de pequeno valor, e fundamentado nas atividades dos pequenos comerciantes, era um elemento dinâmico da economia local.

Entretanto, as relações entre as cidades e a dominação senhorial nem sempre foram pacíficas. Desde o final do século XI, assistimos aos primeiros movimentos de contestação do poder dos senhores sobre as cidades. O aumento da exploração senhorial constituiu, por vezes, um entrave ao desenvolvimento das atividades mercantis. As demandas por liberdade assumiram diversas formas, desde a negociação até a insurreição, como foi o caso em Le Mans, em 1069, em Laon, em 1112, e em Sens, em 1147. Na maior parte do tempo, todavia, as liberdades urbanas foram obtidas por meio de negociações e de pactos. Os níveis dessas liberdades também eram distintos. Isso se deveu, sobretudo, às diferentes dinâmicas da dominação senhorial na Europa. Por exemplo, na Normandia, onde o Senhorio era forte, e na Itália do Sul, que conheceu um fraco desenvolvimento urbano, o movimento comunal foi incipiente. Já no norte e no centro da Itália e na região de Flandres, onde a dominação senhorial era mais frágil, o desenvolvimento urbano foi mais intenso e precoce. O caso mais extraordinário é o das cidades italianas que conseguiram formar verdadeiras entidades autônomas com um domínio efetivo sobre as suas respectivas regiões rurais ("*contados*") e com uma grande capacidade de mobilização de recursos financeiros.

Porém, à exceção das cidades italianas, o poder econômico urbano nunca pôde suplantar o poder do príncipe. Trata-se de um bloqueio político maior: as cidades não podiam constituir, sozinhas, uma entidade política. Foi principalmente através de sua integração ao sistema monárquico em fortalecimento que as cidades asseguraram, no século XIII, sua estabilidade política e sua prosperidade econômica. O caso do Reino da França é exemplar: uma das principais preocupações dos reis capetíngios, a partir de Luís VII, era fundar feiras comerciais, favorecer mercados e confirmar cartas de franquia. Ao intervir na legislação dos ofícios e controlar as finanças urbanas, os reis fizeram das cidades os pontos de apoio do poder monárquico em vias de centralização.

A primeira atividade econômica das cidades medievais foi a têxtil. A partir do século XIII, observou-se uma concentração financeira dessa atividade: alguns empreendedores controlavam o conjunto do processo produtivo, fazendo trabalhar, à sua maneira, os diferentes artesãos. O aumento da demanda por tecidos e a difusão, em Flandres, a partir de 1050-70, do tear horizontal trouxeram uma mutação econômica importante para as cidades do norte da Europa. O tear horizontal representou um ganho sem precedentes em termos de produtividade e de economia de mão de obra. A paisagem e a produção rurais em torno dessas cidades, em particular Bruges, viram-se integradas à atividade têxtil, a qual redinamizou os circuitos internacionais de comércio com o aparecimento de feiras no conjunto das cidades flamengas, que atraíam comerciantes de toda a Europa, especialmente das cidades italianas.

Convém ressaltar que o movimento de luta pela autonomia e pela liberdade das cidades não fez do espaço urbano um mundo de iguais. A "democracia urbana" é um mito, o rodízio de cargos na administração municipal favorecia o controle exercido por algumas poucas famílias sobre a vida política. Um grupo restrito de homens detinha, ao mesmo tempo, os poderes político e social. Durante muito tempo, acreditou-se que se tratasse de "homens novos", enriquecidos pelo comércio. Sabemos, hoje, que esse patriciado era oriundo das famílias senhoriais. De modo geral, a importância da nobreza urbana foi subestimada pelos historiadores. Ora, na Itália e no sul da França, por exemplo, os "cavaleiros urbanos" dominaram a vida política das cidades no século XII a ponto de constituírem verdadeiros consulados aristocráticos.

As cidades produziram um dos mais importantes e originais fenômenos do período medieval: a universidade. O termo (do latim *universitas*) designa uma comunidade de alunos e mestres, dotada de autonomia jurídica em face dos poderes eclesiásticos e civis, isto é, de capacidade de impor disciplina, plano de ensino e de avaliação aos seus membros, bem como outorgar títulos a estes últimos. As primeiras universidades foram criadas em Bolonha, Paris, Oxford e Montpellier, no início do século XIII. Às vezes, apenas uma disciplina era ensinada em toda a universidade, como é o caso do Direito, em Bolonha, e da Medicina, em Montpellier. Outras universidades, como Paris e Oxford, eram, na verdade, federações de faculdades, nas quais eram ensinadas disciplinas distintas: uma faculdade preparatória de Artes Liberais, bem como as faculdades superiores de Direito, Medicina e Teologia. A emergência dessas instituições no Ocidente medieval resultou da vontade política de papas, reis e príncipes que necessitavam, em primeiro lugar, de pessoal especializado para compor a espinha dorsal das administrações civis e eclesiásticas, as quais se tornavam cada vez mais complexas; em segundo lugar, de estudos que dessem sustentação teórica às reivindicações de supremacia dos poderes civis e eclesiásticos – tema de que trataremos no capítulo "Igreja e sociedade". Também foi fruto de um ambiente de efervescência intelectual, produzido pela redescoberta da filosofia de Aristóteles, ocorrida a partir do século XII. Até o início do século XIV, as universidades eram mais numerosas no sul da Europa, onde prevalecia um modelo em que os estudantes eram responsáveis por boa parte de sua organização e gestão. Era o caso de Bolonha, Pádua, Nápoles, a Cúria Pontifícia, Salamanca, Vercelli, Lisboa e Lérida. No norte da Europa, em Paris, em Oxford e em Cambridge, prevalecia o modelo da "universidade de mestres", no qual os professores possuíam pleno domínio sobre os seus estudantes e controle sobre os órgãos de gestão universitária. Até o final do século XV, o número de universidades aumentou consideravelmente na França Central e na Espanha e, sobretudo, nas regiões periféricas da Cristandade, a Escócia, a Escandinávia, a Germânia, a Boêmia e a Hungria. Nessas novas universidades, o papel do Papado era restrito, e sua criação derivava, basicamente, da iniciativa das autoridades reais, principescas ou das autoridades urbanas. A partir desse momento, a universidade é colocada a serviço do processo de centralização do poder político.

As sociedades urbanas, que se constituíram desde o século XII no norte da Itália e, nos séculos seguintes, nas outras regiões da Europa Ocidental, eram profundamente estratificadas. Nelas, o dinheiro tornou-se um critério importante de diferenciação social, ao lado dos critérios tradicionais, como o nascimento, o saber (o que acabou acentuado pela difusão das universidades) ou os serviços prestados aos senhores e ao rei. As elites urbanas que emergiram nesse período eram constituídas, além dos grupos tradicionais, de clérigos e militares, por comerciantes, juristas, agentes reais, cortesãos, intelectuais (que Jacques Verger chama de "gentes de saber") etc. Os grupos subalternos urbanos eram formados, sobretudo a partir do século XIII, por trabalhadores assalariados, artesãos, pobres, entre outros. Em suma, o revigoramento urbano trouxe consigo uma diversificação das categorias sociais. Apesar da inserção do revigoramento urbano no âmbito da economia senhorial, as cidades se constituíram, a partir dos séculos XII e XIII, em um mundo novo, com grupos sociais exclusivos. Daí o uso da expressão "sociedades urbanas" para descrever essa nova realidade.

Da mesma forma que o campo atravessou, a partir do século XIII, um período de tensão acentuada, as cidades também conheceram um aumento considerável de conflitos internos devido ao acirramento das tensões entre os trabalhadores assalariados e os proprietários. Como mostrou Robert Fossier, no final do período medieval e graças às crises, ocorreu o desaparecimento dos elementos médios das sociedades, conduzindo a uma polarização entre os extremos, condição fundamental das rivalidades sociais.

> **CRISE E CONFLITOS SOCIAIS**
>
> "Na metade do século XIII, a formação de uma classe média parecia iminente: sua existência teria provavelmente introduzido, como durante uma parte da história antiga, um regulador social entre exploradores e explorados. Ora, a história rural, como a história urbana dos séculos XIV e XV, conduzem a separar príncipes, lavradores, mestres e mercadores de um lado; cervejeiros, escudeiros, valetes e miseráveis de outro. Cada grupo social se viu cindido em dois, sob o efeito do triunfo do espírito de lucro e do dinheiro." (FOSSIER, Robert. *La Société médiévale*. Paris: Armand Collin, 1991, p. 440)

## SUGESTÕES DE LEITURA

ALMEIDA, Néri. "A Idade Média entre o 'poder público' e a 'centralização política'. Itinerários de uma construção historiográfica". *Varia História*. Belo Horizonte, v. 26, 2010, pp. 49-70.

DEVROEY, Jean-Pierre. *Puissants et misérables*: système social et monde paysan dans l'Europe des Francs (VI$^e$-IX$^e$ siècles). Bruxelas: Académie Royale de Belgique, 2006.

FELLER, Laurent. *Campesinos y señores en la Edad Media, siglos VIII-XV*. València: Universitat de València, 2015.

FOSSIER, Robert. *La Société médiévale*. Paris: Armand Collin, 1991.

GOUGUENHEIM, Sylvain. *Regards sur le Moyen Âge*. Paris: Tallendier, 2009.

JÉGOU, Laurent; PANFILI, Didier. *L'Europe seigneuriale*: 888-1215. Paris: Armand Colin, 2015.

REYNOLDS, Susan. *Fiefs and Vassals*: the Medieval Evidence Reinterpreted. Oxford: Oxford University Press, 1994.

SOBREIRA, Victor. *O modelo do Grande Domínio*: os polípticos de Saint-Germain-des-Prés e de Saint-Bertin. São Paulo: Intermeios, 2015.

VERGER, Jacques. *Homens e saber na Idade Média*. Bauru: Edusc, 1999.

WICKHAM, Chris. *Una historia nueva de la Alta Edad Media*: Europa y el mundo mediterráneo, 400-800. Barcelona: Editorial Critica, 2016.

# Igreja e sociedade

A principal característica do período medieval é a identificação da Igreja com o conjunto da sociedade. Isso ocorreu antes mesmo que ela se afirmasse como instituição hierárquica centralizada (a chamada monarquia papal, que se constituiu a partir do final do século XI) e foi o resultado da cristianização das populações da bacia do Mediterrâneo e, em seguida, da Germânia, da Gália, das ilhas Britânicas e da Escandinávia. Por meio de suas normas, seus dogmas e seus ritos, a Igreja forjou alguns dos principais traços das sociedades europeias a partir do século IV. É o caso da divisão do espaço em paróquias e em dioceses, da organização do tempo ritmado pelas festas litúrgicas, da crença no poder das relíquias e nos milagres dos santos, dos ritos que marcavam as diversas etapas da vida e da morte de um indivíduo (batismo, casamento, extrema-unção) ou, ainda, dos ritos e das cerimônias que ajudavam a assegurar a legitimidade das autoridades políticas (juramentos sobre relíquias, unções e sagrações reais), para citar apenas alguns exemplos.

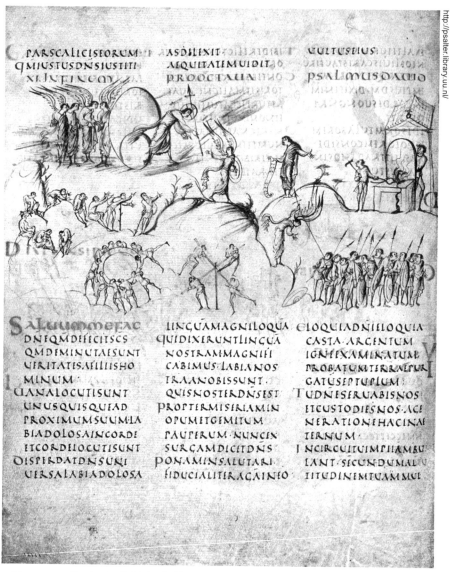

A imagem retirada do Saltério de Utrecht, do século IX, com o Salmo 11, ilustra algo essencial na Idade Média: a relação estreita entre o mundo dos homens e o além.

Um dos melhores indícios da abrangência da Igreja no período medieval é o fato de que a exclusão de seu interior equivalia, para aqueles que a sofriam, a uma exclusão da vida social. Isso ocorria através da excomunhão ou de sua forma mais extrema, utilizada contra os heréticos e contra aqueles que cometiam faltas graves: o anátema, uma expulsão acompanhada de maldição. Como lembra Warren Peze, a Igreja, como toda sociedade ideal, se constrói por intermédio da definição de inimigos internos (os heréticos) e de inimigos externos (judeus, pagãos). Se a excomunhão era uma forma de exclusão, o batismo marcava a inclusão – voluntária ou involuntária – dos indivíduos à sociedade cristã, criando relações de parentesco artificiais entre os batizados e seus padrinhos e, também, entre os batizados e a comunidade, ou seja, a própria Igreja. O batismo era, *grosso modo*, a condição para que os indivíduos pudessem desfrutar de direitos, tais como a vida em comunidade, a participação em cerimônias públicas, o acesso a funções administrativas etc. No entanto, alguns grupos de não batizados que habitavam o espaço geográfico da Cristandade eram tolerados. É o caso dos judeus, que, em geral, não eram forçados à conversão, tinham seus bens protegidos e podiam praticar a sua religião, desde que não tentassem propagá-la. Isso não impediu, como veremos mais adiante, as perseguições de que foram vítimas as comunidades judaicas, sobretudo a partir do século XI. A intensificação das perseguições atingiu também grupos de cristãos qualificados como dissidentes e nomeados de "heréticos". A expropriação e o assassinato em massa de judeus, a difusão das chamadas "heresias populares" e o advento da Inquisição, a segregação de leprosos, bem como as diversas medidas coercitivas contra minorias não foram fenômenos isolados, mas fruto da emergência de uma "sociedade persecutória".

## A IGREJA MEDIEVAL

O termo "*ecclesia*" (Igreja) aparece em vários textos no Ocidente, a partir do século IX, para designar a comunidade de todos os cristãos. Isso mostra a emergência, à época carolíngia, da ideia de que o conjunto de adeptos da fé cristã, quer vivessem na Irlanda, na Itália, na península ibérica ou na Germânia, constituíam um mesmo grupo, a Cristandade. Os cristãos do Oriente também faziam parte dessa comunidade, muito embora as diferenças doutrinais e políticas, acirradas com o iconoclasmo (a condenação, por parte da Igreja do Oriente, da adoração de imagens) e as cruzadas, tenham provocado uma cisão definitiva entre a Cristandade Ocidental e a Cristandade Oriental. Ambas se desenvolveram de modo distinto ao longo do período medieval, a começar pelo fato de que o chefe da Igreja do Oriente, o patriarca de Constantinopla, jamais reivindicou uma supremacia espiritual e temporal sobre a Cristandade, ao contrário do bispo de Roma. A ideia de Cristandade não recuou no Ocidente com o colapso da ordem carolíngia. Ao contrário, ela se viu reforçada pelo desenvolvimento do monasticismo clunisiano, pela reforma da Igreja e pela construção da monarquia papal, como veremos neste capítulo.

O vocábulo "*ecclesia*" era também empregado para designar uma congregação específica (por exemplo, a Igreja de Paris), o edifício de culto ou, como se tornou cada vez mais frequente a partir do século XI, a instituição estruturada em torno do poder absoluto do bispo de Roma, a monarquia papal. As primeiras comunidades cristãs em nada se pareciam com essa instituição hierarquizada e centralizada. A chamada Igreja primitiva era constituída por um conjunto de comunidades autônomas, com pouca ou nenhuma comunicação entre si, criadas em torno do Mediterrâneo e dirigidas de maneira colegial. A partir do século II, diante das perseguições levadas a cabo pela autoridade imperial romana, bem como dos riscos de divisão interna, cada comunidade passou a ser chefiada por um único bispo. A proclamação, pelo imperador Constantino, do princípio da liberdade de culto, em 313, retirou a Igreja da clandestinidade e promoveu a unidade entre essas comunidades dispersas. O Concílio de Niceia, por ele convocado em 325, foi o primeiro concílio ecumênico da história do cristianismo e marcou o nascimento daquilo que chamaremos aqui de Igreja medieval, essa comunidade de fiéis organizada em torno da autoridade dos bispos, especialmente do bispo de Roma, e que tendia a se identificar com o conjunto da sociedade cristã. Presidido pelo imperador em pessoa, o Concílio de Niceia reuniu cerca de 150 bispos e condenou como heréticos o bispo Ário (c. 250-336) e seus seguidores, os arianos, que negavam a eternidade do Cristo. A doutrina oficializada nessa assembleia, chamada de "católica" ou universal, preconiza-va que o Cristo partilhava da mesma natureza e da mesma eternidade do Pai. Desde os primórdios da história da Igreja, a heresia foi uma categoria utiliza-da pelos grupos hegemônicos em matéria doutrinal para definir o sentido da ortodoxia e excluir os grupos minoritários. Mais tarde, a partir do século XI, o emprego da categoria de heréticos serviu, ao mesmo tempo, para nomear a dissidência e construir a monarquia papal.

---

### CRISTIANISMO, FAMÍLIA E CASAMENTO

"O antropólogo Jack Goody, ao estudar a história da família e do casamen-to na Europa, observa que, desde o século IV d.C., após a conversão de Cons-tantino ao cristianismo, as normas familiares das sociedades romanas foram profundamente transformadas por influência da Igreja. A adoção, o casamento de viúvas, o casamento entre primos, o divórcio, o concubinato e o levirato, práticas recorrentes até então, foram proibidas.

Tais proibições não apenas não estavam apoiadas nas Escrituras como tam-bém as contradiziam, por exemplo, no caso do levirato, uma prática descrita no Antigo Testamento e que obrigava os homens a se casarem com as viúvas de irmãos mortos sem descendência. Goody observa que as novas regras também não se baseavam no antigo Direito Romano. Em tempos de grande mortalidade, a proibição da adoção e do novo casamento das viúvas contribuiu para limitar bastante as descendências. A Igreja, que pregava o abandono dos bens materiais em troca da salvação eterna, tornou-se a herdeira das propriedades que ficavam sem herdeiros. Isso a tal ponto que conseguiu realizar uma impressionante acu-mulação de terras na Europa Ocidental: por exemplo, se estima que, ao final do século VII, um terço das terras aráveis na França pertencia à Igreja. O controle sobre as regras do casamento, o combate à adoção e ao divórcio constituíam, portanto, uma verdadeira política de "captação de heranças". Essa apropriação de bens materiais é que teria permitido a essa seita cristã converter-se em uma poderosa instituição." (ver SEGALEN, Martine. Introdução. In: GOODY, Jack. *L'Évolution de la famille et du mariage en Europe*. Paris: Armand Colin, 2012)

---

Durante os primeiros séculos do período medieval, as assembleias episcopais (concílios), reunidas nos diversos reinos bárbaros, não se ocuparam apenas das questões doutrinárias, mas buscaram, igualmente, estruturar a hierarquia eclesiástica, proteger os bens das igrejas, resolver conflitos entre laicos e eclesiásticos, definir as normas em matéria de matrimônio, de ingresso no serviço público, entre outros. As normas definidas durante esses concílios acabaram ganhando força de lei, abrangendo o conjunto dos habitantes dos diversos reinos bárbaros, tivessem eles se convertido ainda ou não à fé católica. Isso ocorreu por várias razões. Em primeiro lugar, a colaboração entre a Igreja e os poderes seculares prosseguiu nos primeiros séculos do período medieval e foi facilitada pela adesão dos reis bárbaros ao catolicismo. Em segundo lugar, o episcopado católico era composto, em sua esmagadora maioria, por indivíduos oriundos de grupos sociais que ocupavam uma posição dominante. O historiador Martin Heinzelmann conseguiu identificar as origens sociais de 179 dos 707 bispos católicos atestados entre os rios Reno e Loire no final do século VII: nada menos do que 171 entre eles eram originários de famílias da aristocracia imperial romana. Esses indivíduos, não só pela sua posição social, mas também pela sua formação, desempenhavam um papel de primeiro plano na administração pública, à frente da gestão das *civitates* (as cidades de origem romana) e no exercício de funções diplomáticas, fiscais, judiciárias e mesmo militares.

A conversão à fé cristã foi também o resultado da adesão das populações do Império Romano e, em seguida, dos reinos bárbaros a valores e a práticas sociais difundidas de maneira bastante eficaz por duas novas categorias de indivíduos (nem sempre distintas entre si, aliás): os santos e os monges. Uns e outros têm em comum o fato de serem imitadores do Cristo, tanto por meio da renúncia às tentações do mundo quanto através da prática de certas virtudes: a caridade, a humildade etc. Os santos têm de específico a prática dos milagres, manifestação do papel que eles desempenham como intercessores junto a Deus. Segundo Peter Brown, o santo preencheu o vazio deixado pela ausência momentânea do Cristo, reativando a Sua presença e a promessa de salvação. O culto dos santos permitia que se estabelecesse um contato pessoal e coletivo com a divindade, não sendo, de modo algum, um fenômeno unicamente popular. As elites eclesiásticas e laicas eram, ao mesmo tempo, adeptas e promotoras desse culto por meio da fundação de santuários, de monastérios, da descoberta e da difusão de relíquias (corpos-santos, fragmentos desses corpos ou objetos que tinham entrado em contato com eles) e da redação de vidas de santos (hagiografias).

Os dois principais tipos de santos no período medieval foram os mártires e os confessores. Os primeiros constituem a categoria mais antiga e também a mais prestigiosa, pois teriam dado a vida pelo Cristo durante as perseguições promovidas dos imperadores romanos antes de Constantino, no exercício de atividades missionárias ou ainda como vítimas de injustiças praticadas por governantes cristãos. Os santos confessores são aqueles que proclamaram sua fé por meio de suas pregações e de seus atos. É o caso, por exemplo, dos monges que abandonavam as suas riquezas familiares e se isolavam em comunidades dedicadas à oração, ao trabalho manual e à evangelização. Com o desenvolvimento do monasticismo na Alta Idade Média, passaram a integrar cada vez mais a categoria de santos.

Originário do Oriente no início do século IV e difundido em toda a região do Mediterrâneo nos dois séculos seguintes, o monasticismo consistia em uma imitação da vida evangélica através da ascese, da separação do mundo e da pobreza. Nele, os indivíduos podiam viver tanto isoladamente (anacoretas) quanto em comunidades (cenobitas). No Ocidente, o monasticismo assumiu, sobretudo, a forma cenobítica, isto é, as comunidades eram fundadas no trabalho manual e na caridade, organizadas em torno da autoridade de abades e submetidas a regras que codificavam as atividades materiais e espirituais. A Gália do Sul foi um foco importante de difusão do monasticismo, graças à fundação do Monastério de Lérins, no início do século V. No norte da Gália, a difusão ocorreu, a partir do final do século IV, devido à ação de Martinho de Tours (316-397), monge e santo patrono da dinastia merovíngia. Na Itália, eram comuns as fundações monásticas por parte de membros da aristocracia senatorial após estes se retirarem da vida política. Na península ibérica e na Irlanda, o monasticismo foi um fenômeno tardio; as principais fundações monásticas datam do final do século VI. Na Irlanda, os monastérios asseguravam, ao mesmo tempo, a evangelização e o enquadramento eclesiástico. Os monges irlandeses desempenharam um papel ativo na cristianização, seja na Gália Setentrional, através de Columbano (c. 543-615), seja na Escócia, onde atuou Columba (c. 521-597). Em meados do século VII, havia mais de 200 monastérios no Ocidente, boa parte deles ordenada pela Regra de São Bento, redigida por volta de 540, composta de 73 artigos. Ela pregava o cenobitismo integral, estabelecia o poder absoluto e paternal do abade, eleito no seio da comunidade, e prescrevia como obrigações dos monges a oração e o trabalho manual.

A preeminência do bispo de Roma, ancorada na ideia de que ele era o sucessor de Pedro, era reconhecida, desde os primeiros séculos, por várias igrejas do Ocidente, mas isso não fazia dele o soberano da Igreja Católica. Até o século VIII, sua eleição, sob o controle da aristocracia da cidade de Roma, deveria ser referendada pelo imperador do Oriente. Somente no século XI a eleição papal passou a ser feita por um colégio de cardeais. Vários fatores contribuíram para assentar a preeminência política dos bispos de Roma como chefes da Igreja Católica. A partir do século VI, eles foram solicitados em várias ocasiões pelos bispos das igrejas da Itália, da Gália e da Espanha para mediar conflitos, apaziguar tensões e definir questões doutrinárias. Além disso, papas como Gregório Magno (c. 540-604) tiveram um papel decisivo nas missões de evangelização na Germânia e nas ilhas Britânicas. Finalmente, a aliança com os príncipes da dinastia carolíngia e a consequente criação dos Estados Pontifícios, no final do século VIII, deram ao bispo de Roma o papel de interlocutor de reis e imperadores, além de uma preeminência, de natureza secular, como chefe desses Estados. Quando o Império Carolíngio desapareceu, no final do século IX, os bispos de Roma eram os únicos a poderem reivindicar um poder de natureza universal, ainda que reivindicassem essa primazia apenas no campo espiritual, pelo menos de início.

O final do Império Carolíngio coincidiu com uma das principais transformações ocorridas na história do Papado e da Igreja no período medieval, a chamada "Reforma Gregoriana", do nome de um de seus principais fomentadores, o papa Gregório VII (c. 1025-1085). A expressão "Reforma da Igreja" é hoje mais utilizada, pois o movimento reformista ultrapassou e muito os anos do pontificado desse papa, bem como as iniciativas por ele tomadas. Por volta do Ano Mil, os efeitos da dominação senhorial se faziam sentir sobre a Igreja: muitos cargos de bispos caíram nas mãos de grandes famílias aristocráticas e eram transmitidos como

IGREJA E SOCIEDADE  **89**

herança, da mesma forma que os bens das igrejas às quais esses bispos estavam submetidos. Não era incomum a compra ou a venda de cargos no interior da hierarquia eclesiástica, prática denunciada como "simonia", e o celibato, embora recomendado, era muito pouco praticado. O movimento reformista, originário em monastérios da Ordem de Cluny (fundada no início do século X), pretendia promover o celibato dos clérigos, bem como a *libertas ecclesiae* (liberdade da Igreja), retirando a Igreja, seus cargos e seus bens da tutela da aristocracia laica. A partir de meados do século XI, o Papado tomou a frente do movimento reformista: o papa Nicolau II (?- 1061) proibiu os cristãos de assistirem a missas rezadas por padres casados – muitos deles, aliás, chegavam a ter filhos, como vimos no documento "Senhorio e violência", no capítulo anterior. Nicolau II também combateu a compra e a venda de cargos eclesiásticos e, em 1059, estabeleceu que a eleição do papa seria feita por um colégio eleitoral composto de cardeais. O novo modo de eleição do papa, embora previsse a confirmação, pelo imperador do Sacro Império, do candidato escolhido pelos cardeais, gerou insatisfação entre a aristocracia da cidade de Roma e na corte imperial.

O conflito se intensificou durante o pontificado de Gregório VII, que reafirmou solenemente os princípios da reforma e proibiu que reis e laicos interferissem nas eleições eclesiásticas. Vários bispos simoníacos foram excomungados, entre eles conselheiros do imperador Henrique IV (1050-1106). Foi o início da chamada Querela das Investiduras. O imperador reagiu, reuniu um concílio na cidade de Worms, em janeiro de 1076, e depôs o papa. A resposta de Gregório VII foi rápida: um mês depois, ele convocou um concílio em Latrão, que excomungou o imperador Henrique IV e desobrigou os súditos deste último da necessidade de cumprirem o juramento de fidelidade que lhe haviam prestado. Esse ato mostra que o movimento reformista, ainda que buscasse diminuir a influência da aristocracia senhorial no interior da Igreja, não era indiferente à lógica da dominação senhorial. O papa e seus partidários sabiam que o princípio da obediência política estava assentado nos juramentos de fidelidade. Tais juramentos eram parte integrante, aliás, de cerimônias de unção dos reis, nas quais eles juravam defender as viúvas, os pobres e os órfãos. E a Igreja esforçou-se em lembrar aos reis o conteúdo desse juramento. Mais do que compreender a lógica da dominação senhorial, a Igreja estava profundamente integrada a ela. Todavia, o que marcou decisivamente a Querela das Investiduras é que nela, pela primeira vez na história da Igreja, um papa proclamou a sua supremacia sobre toda a Cristandade, tanto em matéria espiritual quanto em matéria temporal (o que ficou conhecido como teocracia pontifícia). Henrique IV, através de uma penitência pública na fortaleza de Canossa, em 1077, conseguiu reverter a sua excomunhão, ao passo que Gregório VII acabou morrendo no exílio. No entanto, o Papado acabou vitorioso, sobretudo na afirmação do princípio da liberdade da Igreja, que estava, aliás, na origem do movimento reformista. O texto da Concordata de Worms (1122), assinado pelo papa Calixto II (c. 1065-1124) e pelo imperador Henrique V (1086-1125), obrigava o imperador a renunciar à investidura de clérigos, ainda que a ele fosse reservado o direito de assistir às eleições eclesiásticas e de conferir aos bispos funções políticas no interior do Império.

A Concordata de Worms pôs fim à Querela das Investiduras, mas não resolveu o problema das relações do Papado com o Império e com as monarquias em vias de centralização. As pretensões teocráticas dos papas continuaram a se chocar com a resistência dos imperadores. O imperador Frederico II (1194-1250), por exemplo, seria excomungado por dois papas, Gregório IX (c. 1170-1241) e Inocêncio IV (1195-1254). O Império acabou derrotado nesse conflito com o Papado: após a morte de Conrado IV (1228-1254), permaneceria sem titular por quase 20 anos. Em face do Império, a posição da monarquia papal acabou fortalecida pela aliança com as cidades italianas e, sobretudo, pelo fato de que o poder imperial se assentava no consentimento de potentados locais (muitos deles bispos) que os papas não cessaram de cooptar. O Segundo Concílio de Lyon, de 1274, marcou o apogeu da monarquia pontifícia. Nele, o Papado obteve a reunificação das igrejas de ritos latino e grego, convocou uma nova cruzada a ser realizada em 1278 e proclamou a sua supremacia sobre os poderes espiritual e temporal. Todavia, essas decisões não foram duradouras: os gregos abandonaram a união das igrejas, a cruzada de 1278 jamais ocorreu, ao mesmo tempo que as monarquias francesa e inglesa começaram a pôr em xeque a teocracia pontifícia.

IGREJA E SOCIEDADE **91**

A resistência dos reis da França e da Inglaterra à teocracia papal seria bem mais eficaz do que a dos imperadores, como mostrou o pontificado do papa Bonifácio VIII (c. 1235-1303). Em 1296, o papa publicou uma bula, na qual proibia o pagamento de taxas aos reis franceses e ingleses por parte dos clérigos. Essas taxas correspondiam a cerca de 20% das rendas obtidas pelo rei da França, Felipe IV (1268-1314), que reagiu, proibindo a exportação de metais preciosos para fora do reino. O rei inglês, Eduardo I (1239-1307), retirou a proteção real aos membros da Igreja. Em 1297, o papa recuou e publicou uma nova bula, na qual reconheceu que, se o recurso ao imposto fosse uma necessidade, os clérigos deveriam pagar. O conflito com Felipe IV voltou a se acirrar entre 1302 e 1303: Bonifácio VIII foi vítima de uma agressão perpetrada por tropas francesas, vindo a falecer pouco depois. A resistência às pretensões do papa e a destruição da Ordem dos Templários, entre 1312 e 1314, indicam a vontade do rei francês em controlar o clero estabelecido nos territórios do Reino da França. Uma fórmula proclamada por um jurista francês do século XIII, "o rei é imperador em seu reino", traduziu um novo equilíbrio político no qual a monarquia francesa recusava todo poder de natureza universal que pretendesse se sobrepor à autoridade real. Nos anos seguintes, a monarquia pontifícia sofreu duros golpes, em primeiro lugar, com o advento do Papado em Avignon, entre 1309 e 1378, no qual o papa se estabeleceu para escapar das disputas da aristocracia de Roma e, em seguida, entre 1378 e 1417, quando ocorreu o Grande Cisma do Ocidente, com dois papas rivais residindo, respectivamente, em Roma e em Avignon. O Concílio de Constança (1414-1418) restabeleceu a unidade da Igreja, mas dividiu o governo dela entre as assembleias conciliares e o papa. Este último não era mais o chefe de toda a Cristandade, mas um monarca como os outros. As elites eclesiásticas, nas diversas regiões da Europa, associaram-se cada vez mais aos seus respectivos governantes temporais, afastando-se do Papado e de suas pretensões universalistas e, ao mesmo tempo, provocando as primeiras fissuras na Igreja medieval. A Pragmática Sanção de Bourges (1438), promulgada pelo rei Carlos VII (1403-1461), com o apoio do clero francês, reafirmou a preeminência dos concílios em relação à autoridade papal e limitou ingerência do papa sobre a França.

# O TEMPO DAS CATEDRAIS

> ### A "VESTE BRANCA" DE IGREJAS
>
> "Ao aproximar-se o terceiro ano depois do Ano Mil, em quase toda a terra, sobretudo na Itália e nas Gálias, começaram a reconstruir igrejas. Ainda que elas estivessem em bom estado e isso não fosse necessário, viu-se, porém, o povo cristão inteiro rivalizar entre si pela possessão de igrejas mais belas, e foi como se o mundo todo, sacudindo os andrajos da velhice, se cobrisse por completo com uma veste branca de igrejas. Então, por iniciativa dos fiéis, foram reconstruídas mais belas quase todas as igrejas, das catedrais aos mosteiros, dedicadas aos diversos santos, até os menores oratórios das aldeias." (GLABER, Raul. *Histórias*, III, 4, 13. Ed. Mathieu Arnoux. Turnholt: Brepols, 1996, pp. 162-3)

A imagem de uma "veste branca" de igrejas utilizada pelo monge Raul Glaber, em suas *Histórias*, é uma forma de apresentar, com otimismo, o milésimo ano do Nascimento do Cristo, mas serve para descrever o movimento que, entre os séculos XI e XIII, levou à multiplicação de edifícios religiosos em todo o Ocidente medieval. Para se ter uma ideia, apenas no Reino da França foram construídas, nesse período, mais 80 catedrais (as igrejas dos bispos, sedes das dioceses), 500 grandes igrejas e milhares de igrejas paroquiais. O aumento do número de edifícios de culto foi uma resposta ao crescimento populacional na Europa Ocidental, mas esse fator por si só não explica o fenômeno. A construção e a renovação desses locais constituíram uma das expressões mais visíveis do aumento do poder da Igreja e do enraizamento de sua presença mesmo nas pequenas comunidades rurais e nas regiões mais recuadas da Europa, além de serem também o resultado do revigoramento urbano, da dinâmica da economia senhorial e dos progressos técnicos, no campo da metalurgia, da tração animal e da construção civil.

Dois estilos principais de edifícios religiosos destacaram-se no período medieval, o Românico (termo criado no século XIX) e o Gótico (termo depreciativo inventado no Renascimento). O Românico, cuja origem cronológica é difícil de estabelecer, se afirmou por volta do Ano Mil, graças à Ordem de Cluny, e se desenvolveu até meados do século XII (no Reino da França) e XIII (no Sacro Império). A influência dessa Ordem fez com que esse estilo se desenvolvesse, sobretudo, através de mosteiros e de pequenas igrejas situadas no meio rural, ainda que algumas catedrais tenham sido construídas sob sua inspiração. O Românico também influenciou a arquitetura civil (principalmente as casas mais ricas) e militar (as torres de pedra). O Gótico, por sua vez, foi um estilo predominantemente urbano. Nascido na primeira metade do século XII, na região de Paris, sob a impulsão de clérigos do séquito real, entre eles o abade de Saint-Denis, Suger (1081-1151), esse estilo se espalhou por todo o Ocidente nos séculos seguintes, por meio de variações regionais, e tornou-se praticamente a única linguagem arquitetônica dos edifícios religiosos no início do século XIV. Ambos os estilos coexistem até o século XIII e são marcados pelas proezas técnicas dos séculos centrais da Idade Média, especialmente no que diz respeito à construção de catedrais. No entanto, a monumentalidade que caracterizava o Gótico é a melhor expressão da dinâmica econômica, demográfica e política dos séculos XI a XIII. Arte real por excelência, o Gótico foi beneficiado pela vontade dos reis da França e da Inglaterra de promoverem, por meio da construção de catedrais, a majestade de seu poder e também a associação com Davi e Salomão, construtores do Templo de Jerusalém.

A construção das catedrais exigia uma grande concentração de recursos econômicos, humanos e técnicos. Fenômenos urbanos por excelência, elas possuíam múltiplas funções: palácio a partir do qual os bispos dirigiam as dioceses, espaços de veneração de relíquias e de peregrinação, escolas de formação para as elites laicas e eclesiásticas (algumas, inclusive, como a de Paris, darão origem a universidades). Elas não eram apenas edifícios destinados a reunir os fiéis e constituíam, pelo seu aspecto massivo que as aproximavam de fortalezas, uma demonstração visível a todos do triunfo da Igreja e da monarquia pontifícia. Também proporcionavam àqueles que as frequentavam uma experiência viva daquilo que contém a Bíblia, por meio de um vasto conjunto de vitrais e de esculturas. Representações arquitetônicas da doutrina cristã, elas possuíam, muitas vezes, o formato de uma cruz e eram orientadas em direção ao nascer do sol, com sua fachada ocidental quase sempre enquadrada por duas torres, muralhas simbólicas contra

94 HISTÓRIA MEDIEVAL

as trevas. As catedrais eram também a expressão do controle social exercido pela Igreja, não somente no campo da devoção e da educação: o badalar de seus sinos ritmava a cadência da vida cotidiana e a maneira como os homens organizavam suas tarefas.

## AS CRUZADAS

Em novembro de 1095, o papa Urbano II reuniu um concílio na cidade de Clermont, na região da Auvérnia (França), no qual tratou de vários assuntos, entre eles a Paz de Deus. Entretanto, o motivo pelo qual esse concílio passou à posteridade foi o apelo lançado pelo pontífice para que todos os cristãos, ricos ou pobres, partissem para a Terra Santa com o objetivo de socorrer seus irmãos do Oriente, vítimas dos turcos. Urbano II, em seu discurso, ressaltou que não se tratava apenas de sua vontade, mas igualmente de uma ordem do Cristo. O papa também garantiu a remissão dos pecados para todos aqueles que atendessem ao chamado:

---

**O APELO DE URBANO II,**
**DE ACORDO COM FULQUÉRIO DE CHARTRES (c. 1059-c. 1127)**

"A todos aqueles que partirão e que morrerão no caminho, quer seja na terra ou no mar, ou que perderão a vida combatendo os pagãos, a remissão dos pecados lhes será acordada. E eu a acordo àqueles que participarão da viagem, em virtude da autoridade que tenho de Deus." (FULQUÉRIO DE CHARTRES. *Historia Hierosolymitana.* In: *Recueil des historiens des croisade*s. Historiens occidentaux. Paris: Imprimérie Impériale, 1866, t. III, pp. 323-4)

---

Segundo os relatos que temos do concílio, após o término do discurso do papa, a multidão, unânime, teria respondido com o grito: "Deus o quer!".

Urbano II fazia referência a uma "viagem para Jerusalém". Os autores contemporâneos também definiam esse movimento como uma "peregrinação" e, mais tarde, como uma "passagem para ultramar". O termo "cruzadas" surgiu apenas na metade do século XIII, mas, desde o início, o movimento era visto pelos contemporâneos como uma guerra santa, um combate realizado sob a ordem de Deus. É o que mostra a menção feita por Urbano II ao fato de que a missão tinha sido dada pelo Cristo, sua promessa de santificação para aqueles que dela participassem, bem como a resposta da multidão fazendo referência explícita à vontade de Deus.

Além das 8 expedições que ocorreram entre 1096 e 1270, o termo "cruzadas" também designou, desde o século XIII, as expedições lançadas contra os pagãos da região do Báltico, contra os heréticos (albigenses), a reconquista da península ibérica ou ainda as cruzadas lançadas pelos papas para defender os Estados pontifícios. O papa Inocêncio IV chegou, inclusive, a atribuir o estatuto de cruzados a todos aqueles que partissem em guerra contra o imperador Frederico II, que havia sido excomungado, mas que, apesar disso, participou das cruzadas e retomou pacificamente a cidade de Jerusalém, em 1229.

A grande heterogeneidade dessas expedições dificulta uma explicação de conjunto do fenômeno. Os historiadores costumavam explicar as cruzadas – principalmente aquelas dirigidas à Terra Santa – através de três fatores principais. Em primeiro lugar, o crescimento populacional europeu no período que antecedeu esse movimento: a existência de um excedente da população forneceria a essas expedições o contingente necessário. O segundo fator, ligado ao primeiro, seria a necessidade de obtenção de novos domínios por parte dos filhos mais novos da aristocracia senhorial, excluídos das sucessões das linhagens que privilegiavam os primogênitos. O terceiro fator seria o interesse dos mercadores italianos em conquistar novos mercados para os seus produtos.

Essas explicações não parecem mais convincentes hoje em dia. O crescimento demográfico na Europa Ocidental atingiu o seu apogeu bem depois do início das cruzadas. Soma-se a isso o fato de que as terras em torno de Jerusalém eram bem menos atrativas para as atividades agrícolas do que aquelas da Europa Central (mais próximas geograficamente). A conquista e a exploração de terras situadas do outro lado do Mediterrâneo e dominadas por um poderoso exército inimigo constituíam uma operação custosa, arriscada e sem retornos materiais evidentes.

Suas motivações não poderiam ser, portanto, puramente econômicas. Do ponto de vista das cidades italianas, as guerras levadas a cabo pelos exércitos cristãos colocavam em risco as rotas comerciais e os intercâmbios já existentes com as cidades do Oriente Médio e estabelecidos desde o Ano Mil. Elas foram reticentes, pelo menos de início, a se engajarem no movimento cruzadístico. Finalmente, não podemos esquecer que as cruzadas compreenderam também expedições no interior da própria cristandade, nos Bálcãs, na Itália e na França (neste último caso, contra os heréticos albigenses).

Na verdade, o desencadeamento das cruzadas deve ser entendido à luz de três fenômenos que marcaram a Europa Ocidental a partir do século XI. Em primeiro lugar, os movimentos da Paz de Deus e da Trégua de Deus, que, como vimos no capítulo "A dominação senhorial", tentaram limitar o alcance da violência guerreira da aristocracia laica. A condenação da violência entre cristãos trouxe consigo a sacralização da violência praticada contra os inimigos destes últimos. Não é uma coincidência o fato de que o Concílio de Clermont, de 1095, que terminou com o apelo do papa Urbano II, também foi um concílio de paz. Na verdade, como mostrou Dominique Barthélemy, o movimento da paz consistia em um esforço para amansar os cavaleiros, ao passo que a cruzada propunha que eles se tornassem mais duros, em uma guerra de novo tipo. A exortação, em ambos os movimentos, era a mesma: era necessário proteger os cristãos oprimidos por aqueles que os espoliavam. E isso apesar dos algozes, em cada um dos casos, não serem os mesmos.

O segundo fenômeno que ajuda a explicar as cruzadas é a prática da peregrinação que, na Europa cristã do século XI, tinha como destino principal a cidade de Jerusalém. Os peregrinos que visitavam o túmulo do Salvador recebiam a garantia de remissão dos pecados, ou seja, de que todos os pecados confessados seriam perdoados. É o que diz Urbano II em seu discurso em Clermont, com a diferença de que ele estava fazendo referência a uma "peregrinação armada". A viagem a Jerusalém possuía, assim, um caráter penitencial. A noção de guerra santa que se desenvolveu a partir do século XI apresentava a atividade guerreira, quando praticada contra os inimigos da fé, como uma ação sacrificial

IGREJA E SOCIEDADE **97**

que trazia recompensas, sobretudo de ordem espiritual. Não era uma coincidência o fato de que aqueles que infringissem a Paz de Deus ou a Trégua de Deus também poderiam ser perdoados caso realizassem uma viagem a Jerusalém.

O terceiro fenômeno refere-se à construção da monarquia pontifícia e à afirmação da ideia de Cristandade. Desde meados do Ano Mil, a Igreja de Roma assumiu, por influência dos monges reformistas de Cluny, a liderança de um projeto de reforma da sociedade cristã que conduziu, sob o pontificado de Gregório VII, à afirmação da supremacia papal. Esse projeto não tinha apenas por objetivo o estabelecimento de uma hierarquia de poderes com o Papado no topo, mas incluía também a disciplinarização da Cavalaria e, mais amplamente, da aristocracia laica. Ao pensar a organização do mundo em termos de um poder universal, os adeptos da reforma da Igreja e da monarquia pontifícia contribuíram para a afirmação de uma ideia de Cristandade, cujas características eram também definidas consoante a oposição aos pagãos e aos infiéis. Não é uma coincidência que Gregório VII tenha pensado em conduzir pessoalmente uma campanha com o objetivo de socorrer os cristãos do Oriente, em Jerusalém, o que acabou não ocorrendo. Todavia, como afirma Jean Flori, essa era a conclusão lógica do pensamento de Gregório quanto à sua função de chefe de uma Igreja de Roma que se confundia com a Cristandade inteira, com poder diretamente proveniente de Deus por meio de São Pedro.

As razões do grande impacto da expedição conclamada por Urbano II, em 1095, estão, por um lado, nas feições que o cristianismo havia assumido então na Europa Ocidental, com uma fé marcada pelos ideais de sacrifício, de penitência e de expiação dos pecados. Por outro, no fato de que a atividade guerreira foi eficazmente associada, pela Igreja, a uma atividade desejada por Deus, desde que cumprisse alguns requisitos importantes, sendo o principal deles o combate contra os infiéis.

Na visão dos reformistas e dos propagandistas das cruzadas, a paz entre os cristãos tinha como contraponto a luta contínua contra os infiéis. No entanto, ambos os princípios se confrontavam à realidade das disputas no interior dos grupos senhoriais, bem como às regras das guerras feudais. Em todas as expedições, as disputas políticas que marcavam as relações senhoriais transportaram-se para o Oriente Médio, conduzindo, por vezes, a alianças entre uma facção de líderes cristãos com seus adversários muçulmanos, de forma a prevalecer sobre grupos cristãos rivais. Mais importante ainda é o fato, muito bem estudado por Dominique Barthélemy, de que a guerra no período medieval estava longe de ser uma guerra total, mas envolvia estratégias, tais como cercos prolongados, captura de reféns, que buscavam diminuir ao máximo as perdas humanas e produzir ganhos materiais, seja através das pilhagens ou das cobranças de resgate pelos prisioneiros de posição social proeminente. O autor não pretende com isso negar a existência da violência nos séculos medievais, e as próprias cruzadas estão repletas de exemplos nesse sentido. O fato de que entre os muçulmanos e os cristãos eram comuns as trocas de prisioneiros, bem como o estabelecimento de alianças provisórias, não impediu que a guerra entre eles fosse marcada por episódios sangrentos. A conquista de Jerusalém pelos cristãos, em 1099, foi acompanhada de pilhagens e do massacre de boa parte da população. Na guerra feudal não havia a ausência da violência, mas era uma violência limitada. Podem-se mencionar como características desse tipo de guerra cavaleiresca as constantes trocas entre as elites dos dois lados em disputa: cristãos e muçulmanos. Por vezes, os combates davam lugar a uma espécie de sociabilidade mundana entre os membros de grupos distintos, mas de mesmo estatuto social.

Um bom exemplo, nesse sentido, é um episódio narrado por Guilherme de Tiro em que o rei de Jerusalém, Balduíno, em luta contra os beduínos, surpreende um grupo de guerreiros, coloca-os em fuga e se apossa de mulheres e crianças. Ao notar que a mais nobre cativa está dando à luz uma criança, ele a faz cercar-se dos seus, protegendo-a. O marido dela, o emir, fica sabendo e, segundo Guilherme de Tiro, torna-se amigo do rei Balduíno e, em 1101, permite que ele fuja de Ramala, onde se encontrava em grande perigo (ver a obra de Barthélemy, *A Cavalaria: da Germânia antiga à França do século XII*, indicada nas Sugestões de leitura deste capítulo):

IGREJA E SOCIEDADE **99**

## A SOCIABILIDADE ARISTOCRÁTICA DURANTE AS CRUZADAS

"Durante esses dias, por sugestão de certos homens cuja tarefa era investigar a condição dos distritos vizinhos e espionar as fraquezas dos inimigos, o rei secretamente reuniu uma grande companhia de soldados, atravessou o Jordão e entrou na terra dos árabes. Ele adentrou profundamente no deserto onde esse povo vivia e foi até o local que havia sido indicado. Então, ele atacou durante a noite e apanhou de surpresa os infiéis desprevenidos em suas tendas. Ele fez prisioneiros alguns homens e todas as mulheres e tomou todas as suas possessões... Entre os prisioneiros, havia uma mulher de alta posição, a esposa de um grande e poderoso chefe, que havia sido atingida pela catástrofe comum. Durante a marcha, ela entrou em trabalho de parto, sentindo terríveis dores. Isso foi relatado ao rei, que ordenou que ela fosse retirada do camelo no qual estava e colocada em um leito de emergência preparado para ela no solo. Foi providenciada comida para ela e dois odres de água. Uma criada foi chamada para ajudá-la e dois camelos foram deixados para que ela pudesse ser alimentada com o seu leite. Envolvendo-a no manto que ele próprio vestia, deixou-a e retomou a marcha com o seu exército. No mesmo dia, ou talvez no segundo, o grande chefe árabe, acompanhado por um grande séquito de homens de sua tribo, apareceu. Ele estava seguindo de perto os traços do exército cristão, de acordo com o costume de seu povo. Ele estava repleto de tristeza, enlutado pela perde sua esposa, uma nobre matrona que estava às vésperas do parto. Em comparação com essa perda, todas as outras não eram nada. De repente, ele a encontrou deitada no solo. Ao vê-la, ele se surpreendeu com a humanidade que o rei havia demonstrado de maneira tão abundante e começou a exaltar aos céus o nome dos latinos. Acima de tudo, ele elogiou a piedade misericordiosa do rei e jurou que depois disso sempre seria fiel a ele, tanto quanto estivesse em seu poder de sê-lo, uma promessa que mais tarde ele cumpriu em uma situação de crítica emergência." (TIRO, Guilherme de. *A History of Deeds Donne Beyond the Sea*. Livro X, c. 11. Trad. Emily Babcock e A. C. Krey. New York: Octagon Books, 1976, v. 1, p. 429 [1. ed., 1941].)

As cruzadas foram, ao lado da cristianização, um momento da expansão da Cristandade de rito latino. No entanto, elas não constituíram um choque de civilizações. As diferenças entre as elites cristãs e muçulmanas não impediram que elas pactuassem continuamente.

Eram pactos momentâneos e entre os membros das elites guerreiras, mas que não impossibilitaram os massacres praticados por ambos os lados, pelos muçulmanos em Edessa e pelos cristãos em Acre e em Jerusalém.

O impacto do apelo de Urbano II pode ser observado, por exemplo, na expedição chefiada por Pedro, o Eremita (c. 1050-1115). Esse religioso nascido provavelmente na cidade de Amiens, na França, reuniu através de suas pregações nas regiões de Orleans e de Champanhe, na Lorena e na Renânia, milhares de voluntários, homens, mulheres e crianças, que com ele partiram para a Terra Santa. Esse contingente heterogêneo, que em vários momentos escapou ao controle de seus líderes, foi incapaz de fazer frente ao exército dos turcos, que o dizimou nos arredores da cidade de Niceia, na Ásia Menor. Quanto a Pedro, o Eremita, provavelmente conseguiu fugir e retornou para a França.

Os relatos escritos após as passagens de Pedro, o Eremita, e de seus discípulos pela região do Reno indicam a existência de numerosos massacres de judeus. Por exemplo, na cidade de Worms:

---

### MASSACRE DE JUDEUS EM WORMS

"Em 25 Iyar, o terror se abateu sobre aqueles que estavam hospedados no palácio do bispo. Os inimigos os mataram como fizeram com os primeiros e os passaram na espada. Eles se fortificavam com o exemplo de seus irmãos, deixando-se massacrar e santificando o Nome... Eles cumpriram a palavra do Profeta: 'As mães estão estendidas sobre seus filhos, o pai caiu sobre os seus filhos'. Este matou seu irmão; aquele, seus pais, sua esposa e seus filhos; os noivos mataram suas noivas, as mães, seus filhos. Todos aceitavam com todo o coração o veredicto divino. Recomendando suas almas ao Eterno, eles gritavam: 'Escuta, Israel, o Eterno é nosso Deus, o Eterno é único'. Os inimigos despiram-nos e arrastaram-nos para longe, exceto alguns que aceitaram o batismo. O número de mortos foi de oitocentos nesses dois dias [...]" (Salomon Bar Simeon, final do século XI-início do século XII. In: POLIAKOV, L. *Du Christ aux juifs de cour, histoire de l'antisémitisme.* Paris: Calmann-Lévy, 1955, t. I, p. 60)

O antissemitismo não estava presente na mensagem de Urbano II, mas acabou se agregando às cruzadas. Na verdade, vários grupos de pregadores, alguns membros do clero, outros não, difundiram pela Europa o chamado papal, muitas vezes acrescentando à mensagem inicial um conteúdo apocalíptico. É o caso de Emico de Flonheim que, como lembra Jean Flori, afirmava ser investido de uma missão divina que consistia em levar "toda Israel" para Jerusalém de forma a travar o último combate de que fala a Bíblia, sob o comando do Messias vindo dos céus: a batalha de Cristo e de seus fiéis contra o Anticristo e seus asseclas, inaugurando o Fim dos Tempos. Assim, seria travado o último embate. A vitória de Cristo e de seus fiéis daria início ao milênio de paz.

O milenarismo dos pregadores errantes não foi o único a se incrustar na mensagem inicial de Urbano II. Os mercadores italianos, sobretudo os de Veneza, Gênova e Pisa, que de início estavam reticentes ao chamado do papa, firmaram acordos vantajosos com os líderes das expedições e se tornaram indispensáveis à circulação de homens e de mercadorias para os Estados fundados pelos cristãos na Terra Santa. Esses exemplos mostram que as cruzadas não foram um movimento homogêneo durante os dois séculos de sua existência. Também indicam que elas eram capazes de agregar e de potencializar os sentimentos e os interesses difusos no interior das sociedades do período.

Assim, se os interesses materiais não explicam o desencadeamento das cruzadas, no final do século XI, eles acabaram se tornando um elemento importante, levando em conta os altos custos envolvidos e as possibilidades de lucro. É o que vemos, por exemplo, na Quarta Cruzada (1202-4), que sequer chegou à Terra Santa, tendo sido desviada para Bizâncio, que foi saqueada e conquistada pelos cavaleiros cristãos. O contrato de fornecimento de transporte e víveres, assinado entre os chefes cruzados e o doge de Veneza, Enrico Dandolo, em abril de 1201, explica esse desvio da expedição:

## OS VENEZIANOS E OS CRUZADOS

"Eles, os chefes cruzados, nos pediram, consequentemente, que providenciássemos, com os nossos navios, a passagem para quatro mil e quinhentos cavaleiros, para o mesmo número de cavalos, para nove mil escudeiros (se faltarem escudeiros, a mesma soma nos será devida, sem diminuição) e vinte mil infantes, bem armados, com provisões de alimentos durante um ano, que prometemos fornecer-lhes. As provisões para cada homem serão as seguintes: para cada homem, seis sesteiros de pão, farinha, grão e legumes e meia ânfora de vinho; para cada cavalo, três módios de feno, segundo a medida de Veneza, e água em quantidade suficiente. Para a passagem dos cavalos, devemos fornecer tantos navios quantos forem convenientemente necessários; para a passagem dos homens, devemos fornecer tantos navios quantos forem suficientes, segundo a nossa avaliação e a de nossos barões, de boa-fé. Devemos, pela honra de Deus e de São Marcos Evangelista, fornecer esse transporte durante um ano, se necessário, a contar da próxima festa dos santos apóstolos Pedro e Paulo, 29 de junho, exceto se nos colocarmos de acordo para uma prorrogação. Além disso, devemos fornecer cinquenta galeras armadas para o serviço de Deus, que estarão também, se necessário for, ao serviço do Senhor durante um ano, exceto se nos colocamos de acordo para uma prorrogação. Em razão disso, vocês devem nos pagar oitenta e cinco mil marcos de pura prata, segundo o peso de Colônia, que utilizamos em nossa terra. Desse montante, devemos ter quinze mil marcos daqui até as calendas de 1 de agosto; daí até a Festa de Todos os Santos, outros dez mil marcos; daí até a Purificação de Santa Maria, 2 de fevereiro; finalmente, até o final do mês de abril, antes da partida, os cinquenta mil marcos restantes. Durante todo esse mês, os homens e os cavalos, com tudo o que for necessário, devem estar em Veneza para a passagem e permanecer ao serviço do Senhor durante um ano, se for necessário, exceto se nos colocarmos de acordo por uma prorrogação. É preciso acrescentar que vocês não devem comprar provisões no caminho de Cremona até Veneza, nem de Bolonha, Ímola, Faenza até Veneza, exceto com a nossa autorização... E que tudo o que, com o acordo de Deus, pudermos adquirir, pela força ou por tratado, em conjunto ou separadamente, deveremos ficar com uma metade e vocês com a outra." (In: GUYOTJEANNIN, Olivier. *Archives de l'Occident*. Paris: Fayard, 1992, t. 1, Le Moyen Âge (V$^e$-XV$^e$ siècle), p. 432)

O montante a pagar aos venezianos, pelos víveres, pelos navios e pelo transporte era mais alto do que aquele de que dispunham os cruzados no momento da partida. A expedição de converteu, assim, em uma empreitada de conquista em benefício de Veneza e dos cruzados, tanto na costa da Dalmácia quanto na própria capital do Império do Oriente.

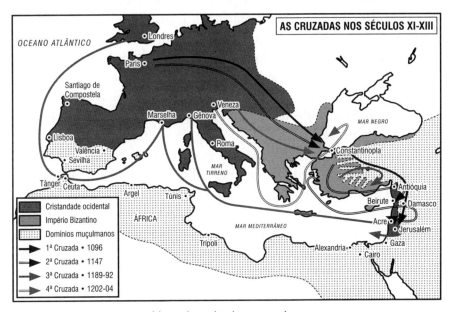

Mapa das primeiras cruzadas.

Embora seja possível identificar os ideais cristãos de peregrinação, de expiação de pecados e de guerra santa na origem das expedições à Terra Santa, no final do século XI, não se podem desprezar as motivações políticas e econômicas das cidades italianas, do Papado, dos reis e da aristocracia senhorial, que se agregaram às expedições no decorrer dos séculos seguintes. As cruzadas contribuíram para o fortalecimento, no Ocidente, da ideia de Cristandade, ao oporem os cristãos de rito latino aos muçulmanos, aos cristãos do Oriente, de rito grego, e mesmo aos cristãos considerados dissidentes, no caso da cruzada convocada contra os hereges albigenses, de que trataremos a seguir. Elas também reforçaram o poder dos papas, que estiveram na origem dessas expedições e que se conduziram, na maior parte do tempo, como líderes espirituais da empreitada. Ao mesmo tempo, nenhum papa chefiou diretamente as expedições militares, papel que coube à aristocracia senhorial, aos reis e aos imperadores. Os papas também foram os beneficiários diretos das expedições quando estas se soldaram por vitórias, como a Primeira Cruzada (1096-9), concluída com a queda de Jerusalém (1099) e pelo estabelecimento de quatro Estados cristãos na Palestina e na Síria. Também foi o caso da Terceira Cruzada (1188-92), que reconstituiu parcialmente os domínios cristãos na Terra Santa, colocados em xeque após a retomada de Jerusalém por Saladino, em 1187: a cidade de Acre foi retomada e a família dos Lusignan (aristocratas originários da França) conquistou a ilha de Chipre. A Sexta Cruzada (1228-9), chefiada por Frederico II (que havia sido excomungado por Gregório IX, em 1227), concluiu-se por um tratado com o sultão do Egito, no qual Jerusalém foi restituída por um período de dez anos. Reis, imperadores e aristocratas também assumiram diretamente o ônus das derrotas, como na Segunda Cruzada (1145-8), que terminou com o fiasco dos exércitos cristãos, chefiados pelo rei francês Luís VII e pelo imperador alemão Conrado III (1093-1152). Ou ainda a Quinta Cruzada (1217-21), derrotada no Egito. A Sétima (1248-54) e a Oitava Cruzadas (1270) foram iniciativas do rei francês Luís IX (1214-1270), e se soldaram, respectivamente, pelo fracasso na retomada de Jerusalém e pela morte do rei. No século XIV, as cruzadas continuaram, mas seus objetivos eram bem mais limitados, e se dirigiram, principalmente, contra os territórios do Egito e da Anatólia (atual Turquia).

## A MONARQUIA PAPAL
## E A CONSTRUÇÃO DAS HERESIAS

A palavra "heresia" é de origem grega e significa "escolha". Na tradição neotestamentária, ela passou a designar as querelas e as divisões em torno da interpretação da Lei divina. O apóstolo Paulo, em sua "Primeira Epístola aos Coríntios", afirma que essas divisões (heresias) são necessárias a fim de que se tornem manifestos aqueles que são firmes na fé (I Cor., 11, 18-19). Assim, desde o início da história da Igreja, as heresias servem, através do erro que elas manifestam, para realçar a doutrina correta. De fato, à medida que os Pais da Igreja definiam a ortodoxia, as heresias eram especificadas e o seu número aumentava. Agostinho (354-430) e Isidoro de Sevilha (c. 560-630), por exemplo, repertoriam cerca de 80 heresias, que portavam, essencialmente, a dupla natureza do Cristo e a Trindade. Em seguida, durante o período carolíngio, as referências à heresia diminuíram consideravelmente, à exceção, por exemplo, do adocionismo. No entanto, as controvérsias doutrinais não desapareceram durante esse período: elas são visíveis, sobretudo, através das alterações e das anotações às margens dos manuscritos. Como lembra Matthew Gillis, a lógica da repressão às heresias, à época carolíngia, embora não abrisse totalmente mão da exclusão, tinha por objetivo prioritário a reintegração do condenado por meio da disciplina e da correção dos costumes.

A partir do Ano Mil, as referências à heresia voltaram a aumentar. O monge Raul Glaber, em suas *Histórias*, redigidas na primeira metade do século XI, menciona quatro casos de heresia: o primeiro, de um camponês da região de Champanhe, chamado Leutardo que, após ter rejeitado o pagamento do dízimo, atacado a Santa Cruz e a imagem do Cristo, foi confrontado pelo bispo de Châlons, Gerbius, e acabou se suicidando; o segundo, de um indivíduo chamado Vilgardo, clérigo de Ravena, que, acusado de ensinar, com base nas poesias de Virgílio, Horácio e Juvenal, doutrinas contrárias à fé, foi condenado pelo bispo da cidade; o terceiro caso é o do castelo de Monforte, próximo de Turim, habitado por nobres heréticos; o quarto é aquele que Raul Glaber descreve com mais detalhes: ele eclodiu em Orléans, em 1022, e teria terminado pela condenação à fogueira, por ordem do rei Roberto, o Pio (c. 970-1031), de 14 cônegos da catedral da cidade. Trata-se do primeiro caso de que se tem notícia da condenação de hereges à fogueira. Como Raul Glaber procurava na história de seu tempo os sinais do milênio da Encarnação e da Paixão do Cristo, seria cômodo atribuir esses casos unicamente à vontade do autor em apresentar as heresias, a fome, o canibalismo e a abundância que se seguiram como os tais sinais. Contudo, algumas das heresias citadas por Raul Glaber aparecem igualmente em outras fontes do mesmo período (a heresia de Orléans e a do castelo de Monforte). Além disso, há outros casos entre o final do século X e a primeira metade do século XI, relatados nas cidades de Cambrai, de Limoges, Toulouse, Ravena, Verona e Veneza.

Os historiadores costumavam considerar as heresias como a expressão de um grande movimento de contestação religiosa que teria atingido o ocidente da Europa a partir do Ano Mil; seria o resultado de movimentos populares assentados sobre uma nova visão ética da instituição eclesiástica e da fé cristã. Nessa ótica, desprezava-se o fato de que as heresias eram, sobretudo, a expressão dos discursos daqueles que as identificavam e que as qualificavam como tais. O movimento de reforma da Igreja, principalmente em sua expressão mais radical, incentivou a crítica ao comportamento e à corrupção do clero, a recusa da riqueza e o ideal de vida apostólica. Esses ideais, defendidos por certos grupos ou indivíduos, poderiam ou não receber a denominação de heresia, como foi o caso dos patarinos de Milão, um movimento composto pelo baixo clero que, ao longo do século XI, desafiou as autoridades eclesiásticas de Milão, em nome do princípio de pureza apostólica e com o apoio do Papado, antes de serem acusados de heresia pelo papa Leão XI, no final do século XII. As acusações de heresia eram, em primeiro lugar, o resultado da preocupação dos monges (que, a exemplo de Raul Glaber, são autores da maior parte dos relatos sobre heresia no século XI) em face da concorrência de comunidades laicas que também praticavam a imitação da vida apostólica. Em segundo lugar, sua repressão era uma forma de garantir o monopólio da hierarquia eclesiástica no exercício das funções sacerdotais diante de grupos, letrados ou não, que, tendo acesso aos textos e aos ritos sagrados, buscavam imitar ou controlar o exercício dessas funções. Finalmente, é importante ressaltar que a acusação de heresia também era um meio de atacar os inimigos e de se debelar uma contestação, fosse ela doutrinal ou política. Durante a Querela das Investiduras, por exemplo, o nicolaísmo e a simonia foram descritos como heresia.

A partir do século XII, o Papado assumiu a dianteira do combate às heresias, através de bulas e de concílios que estabeleceram verdadeiros catálogos de heresias e definiram o procedimento judiciário a ser utilizado na identificação e na punição dos hereges. Chamado de "procedimento inquisitorial", ele é anterior ao estabelecimento da Inquisição em si, e se caracteriza pelo fato de que o processo e o julgamento eram iniciativas dos juízes. Ele substituiu o procedimento vigente até então, chamado de "acusatório", e no qual era necessário que alguém fosse acusado de um delito diante

IGREJA E SOCIEDADE **107**

de um tribunal para que tivesse início o processo legal. Por iniciativa do Papado, o procedimento inquisitorial se afirmou, ao longo dos séculos XII e XIII, como o instrumento de julgamento dos casos considerados mais graves, especialmente a heresia.

A partir da segunda metade do século XII, não havia, na Cristandade, margem para interpretações divergentes dos Evangelhos que não recebessem a autorização ou o beneplácito das autoridades eclesiásticas e, sobretudo, do Papado. Os movimentos divergentes que não haviam obtido esse beneplácito e que contavam em suas fileiras um número considerável de laicos letrados receberam nomes, sendo os mais conhecidos deles os valdenses e os cátaros. Os primeiros, também denominados como "pobres de Lyon", eram liderados por um rico mercador, Valdo (1140-c.1205), que pregava uma vida de renúncia e de pobreza, inspirada nos Evangelhos. O movimento, inicialmente apoiado pelo arcebispo Guichard, acabou expulso da cidade pelo sucessor deste, em 1181. A partir de então, seus adeptos passaram a pregar a desobediência e a recusa dos sacramentos que não teriam por base os Evangelhos, como o juramento. Parte do movimento, que recusou a reconciliação com a Igreja, acabou condenada como heresia no Concílio de Latrão, em 1215. Através do termo "cátaros", a hierarquia eclesiástica e os poderes laicos definiam uma heresia que teria se constituído como uma espécie de anti-Igreja, com um corpo de doutrinas específico, um clero e até mesmo um papa. O termo que servia para nomear essa heresia não é dos mais precisos, pois foi utilizado pela Igreja, entre os séculos XI e XIV, para designar dissidentes na região do Reno, na Inglaterra, no norte da França, na Catalunha e em Languedoc. Tudo isso resultou na construção do mito de uma grande "Igreja Cátara", cujas ideias teriam vindo do Oriente e se estendido por quase todo o Ocidente, pondo em xeque a unidade da Cristandade latina.

Em Languedoc, o combate à heresia assumiu a forma de uma cruzada, convocada pelo papa Inocêncio III, em 1209, após o assassinato de um de seus legados no condado de Toulouse. Tratava-se de um principado independente que se encontrava à mercê das tentativas de expansão dos reis da França e da Inglaterra e que se tornou o principal alvo da cruzada. No interior das possessões dos condes de Toulouse estavam os domínios dos viscondes Trencavel, que incluíam os condados de Béziers, Carcassonne e Albi, Nîmes e Agde.

Esses domínios constituíam um obstáculo geográfico e político aos condes de Toulouse. Após serem acusados de permissividade em relação aos hereges albigenses, os condes de Toulouse aceitaram progressivamente a ingerência externa na luta contra heresia e, ao mesmo tempo, tentaram desviar a atenção para as terras de seus inimigos, os Trencavel, a quem acusaram de acobertar os hereges. O papa Inocêncio III ofereceu as suas terras como prêmio àqueles que participassem da cruzada. A mobilização atraiu os barões do norte da França. O primeiro alvo foi Raimundo VI (1156-1222), conde de Toulouse, que se reconciliou com a Igreja assim que os cruzados se aproximaram de seus domínios, o que lhe permitiu manter seus bens. Em seguida, os cruzados atacaram o sobrinho deste último, o visconde Raimundo Rogério Trencavel. Após tentar em vão a reconciliação com os representantes do papa, acabou capturado e morreu na prisão. Suas terras e seus títulos passaram para Simão de Monforte, um dos barões que participaram da cruzada. A forma particularmente violenta assumida pela luta contra a heresia no sul da França se deveu, sobretudo, à autonomia de que desfrutavam os domínios senhoriais nessa região, tanto do ponto de vista político quanto do religioso. A acusação de heresia forneceu não só ao Papado, mas também aos senhores do norte da França, o pretexto para a intervenção. A própria denominação de "albigenses", nome pelo qual foram designados os cátaros do sul da França, somente se desenvolveu após a cruzada convocada por Inocêncio III.

Sabemos, hoje, que aquilo que foi chamado de "catarismo" constitui um conjunto bastante amplo de práticas e de crenças nascidas no interior da Igreja ocidental. Essas crenças e práticas foram qualificadas como uma heresia dotada de uma doutrina e de uma hierarquia eclesiástica coerentes, e isso na ausência de qualquer documento original dos cátaros. Os textos que fundamentaram essa construção foram os tratados, os sermões, as atas dos interrogatórios dos hereges, conduzidos pelos inquisidores, bem como as atas dos concílios reunidos para combater a heresia. O sucesso dessa construção não se deveu à disseminação de crenças e práticas que fundamentaram a acusação de heresia. Não se pode negar a existência de grupos que, graças a uma ampliação do acesso aos textos sagrados, professavam um retorno à vida apostólica e ao ideal de pobreza, criticavam o enriquecimento do Papado e também a corrupção de parte do clero. Tais ideias, é preciso sublinhar, eram coerentes com aquilo que professavam os adeptos do movimento reformista desde meados do Ano Mil. No entanto, a monarquia papal dos séculos XII e XIII projetou sobre elas e sobre os grupos que as portavam, laicos e eclesiásticos, muitas vezes sem nenhuma ligação entre si, uma coerência que era extremamente artificial. Para isso, foram utilizadas ferramentas que identificavam, qualificavam e extirpavam a dissidência: listas de heresias, tratados contra elas, decisões conciliares e, como vimos, até mesmo um novo procedimento judiciário. A mais eficaz dessas ferramentas foi, sem dúvida alguma, a Inquisição, nascida entre 1231 e 1233, sob o pontificado de Gregório IX.

---

## O PAPADO E A INQUISIÇÃO

"Gregório IX, ao instaurar contra a heresia juízes delegados pelo Soberano Pontífice e que dependiam apenas dele, subtraía do imperador e de todos os detentores do poder público a possibilidade de decidir em matéria doutrinal e retirava deles um poder de coação essencial. O papa e seus legados são os únicos a definir a heresia. Além disso, a Inquisição permite ao Soberano Pontífice interferir em todos os lugares sob o pretexto da defesa da fé. Não existe na Cúria nenhum organismo do qual dependeria a Inquisição; cada um de seus membros depende unicamente do papa. O caráter extraordinário do procedimento é afirmado: ele é secreto, os nomes das testemunhas não são divulgados, os acusados não têm direito a nenhuma assistência; todo recurso lhes é negado. A Inquisição é, antes de tudo, a manifestação e o instrumento do poder pontifício. Ela é colocada sob os cuidados dos membros da Ordem Dominicana e Ordem Franciscana, em razão de sua ligação direta com Roma [...] A Inquisição elabora manuais, práticas e resumos, constituindo uma memória escrita considerável. Seus registros formam arquivos onde figuram toda a população dissidente. Progresso: ela considera a confissão como prova superior, na medida em que abre a via para a penitência. Perigo: os acusados são forçados a dizer a verdade de seus juízes, de modo a manifestar um completo arrependimento [...] A confissão atesta, assim, a realidade da acusação. Além do mais, a busca da confissão leva os juízes a obtê-la por meios violentos: a majestade do aparelho judiciário, a pressão carcerária e a tortura, legalizada em 1252." (BIGET, Jean-Louis. Inquisition. In: GAUVARD, C.; LIBERA, A. de; ZINK, M. *Dictionnaire du Moyen Âge*. Paris: PUF, 2002, pp. 718-9)

# 110 HISTÓRIA MEDIEVAL

Os discursos e as práticas anti-heréticas dos inquisidores foram instrumentos eficazes de defesa da Igreja e de neutralização das resistências a ela. Isso não significa que esses indivíduos criaram a heresia com a intenção deliberada de promover o poder do papa e reprimir amplamente diversos grupos sociais. Os inquisidores acreditavam que, ao identificar e perseguir hereges, estavam agindo em defesa da fé e da unidade da Cristandade. Esse imperativo da unidade fez suas ações contribuírem, principalmente a partir da segunda metade do século XII, para a centralização da Igreja e para a afirmação da monarquia pontifícia. Como mostrou o historiador Robert I. Moore, não é possível entender as perseguições às heresias sem atentar para a ascensão da sociedade persecutória – aspecto concomitante e direto da emergência das monarquias centralizadoras. As categorias de indivíduos que, consideradas perigosas para a Cristandade, deveriam ser afastadas, incluíam, além dos hereges, os judeus, os usurários e os homossexuais. Essas estratégias de exclusão foram reafirmadas, sobretudo, através do III e do IV Concílio de Latrão (1179 e 1215, respectivamente). O IV Concílio de Latrão, por exemplo, obrigou judeus e sarracenos a portarem sinais distintivos. No final do século XIII, o sinal distintivo foi também imposto aos leprosos. De acordo com Moore, a perseguição começou por ser uma arma na competição pelo poder político para, em seguida, ser transformada pelos vencedores dessa competição em um instrumento de consolidação de seu poder sobre o conjunto da sociedade.

Alguns textos dos grupos perseguidos chegaram até nós. Um deles, do qual se conservou apenas uma cópia em um manuscrito do século XIV, é uma carta de súplicas escrita pelo rabino Meïr ben Siméon de Narbona (c. 1200-c. 1270) ao rei Luís IX, uma resposta à proibição feita aos judeus de praticarem o empréstimo a juros. Embora, provavelmente, nunca tenha sido enviada ao seu destinatário, essa carta é um documento excepcional por duas razões. É a primeira vez, nesse tipo de súplica, que se apresentam argumentos econômicos fundamentados nas Escrituras; em segundo lugar, o tom do texto é extremamente duro em relação ao rei francês. Talvez isso explique o seu não envio, mas revela certamente a opinião de um grupo de letrados judeus no que diz respeito à perseguição de que eram objeto.

## CARTA DE UM RABINO AO REI DA FRANÇA

"Além disso, é melhor que o rei tolere [o empréstimo a juros] da parte de judeus, que não praticam a mesma religião, e que ele não tem a obrigação de forçar a respeitar a sua fé, do que levar seus correligionários, destarte, a transgredirem abertamente essa proibição. De fato, se o rei ordenasse uma investigação em todo o seu reino, constataria que, a partir do momento em que se proibiu o empréstimo a juros aos judeus, vários foram os seus correligionários cristãos que começaram a emprestar a juros com condições muito mais duras do que aquelas praticadas pelos judeus. Numerosos são, igualmente, aqueles que usam de astúcia no comércio, aumentando os preços de metade ou de um terço para adiar de três ou quatro meses o recebimento da dívida, e o devedor perde, assim, mais do que ele teria pagado de juros a um judeu durante todo um ano. Vós podeis constatar que o rei impede que aqueles que não são de sua religião pequem, mas leva ao pecado os seus correligionários. Pois o mundo não pode viver sem empréstimo, e o próprio rei, cuja riqueza é imensa, precisou contrair várias vezes empréstimos a juros elevados, e seus agentes também tomaram empréstimos a juros, em várias ocasiões, para assegurar a proteção do país enquanto ele se encontrava em Paris ou em seu reino, até o momento em que a eles chegasse o dinheiro necessário para o soldo dos senhores e dos servidores que mantinham a guarda das fortificações. Uma vez que o mundo não pode sobreviver sem empréstimo, teria sido melhor para a salvação de sua alma que ele [o rei] tolerasse o empréstimo praticado pelos judeus, que não são da mesma fé, e que ele não é obrigado e forçá-los a partilhar a sua fé, da mesma forma que ele não deveria levar os cristãos que partilham a sua fé a infringir a sua religião. Sua alma deverá responder pelos erros que eles cometem por sua causa." (SIMÉON, Meïr ben. *Lettre à Louis IX sur la condition des Juifs du royaume de France*. Texte hébreu établi et traduit par Judith Kogel et présenté par Pierre Savy. Paris: Éditions de l'Éclat, 2017, pp. 15-6)

Como dissemos no início deste capítulo, um dos significados atribuídos à Igreja durante o período medieval fazia dela o equivalente do conjunto da sociedade cristã. O triunfo dessa acepção é o resultado de dois processos concomitantes: o primeiro deles foi a cristianização das populações europeias; o segundo, a afirmação da hegemonia papal. No entanto, essa afirmação também teve um efeito paradoxal. A teocracia pa-

112 HISTÓRIA MEDIEVAL

pal, ao sustentar, entre outras coisas, o monopólio eclesiástico das funções sacerdotais, através do combate ao sacerdócio laico, bem como a própria supremacia do sumo pontífice em matéria espiritual, acabou provocando uma primeira cisão na Igreja medieval, empurrando os laicos e os poderes públicos para o caminho da secularização. Além do mais, o Papado, ao se reafirmar como monarquia, tornou-se igual às outras, cuja supremacia universal, tanto em matérias temporais quanto em matérias espirituais, começou a ser sistematicamente questionada a partir do século XIV.

Da mesma forma que a hegemonia papal paradoxalmente conduziu à secularização dos poderes civis, a supremacia da Igreja, assim como a atividade repressiva que ela exerceu, não constituiu entraves para o desenvolvimento do mercado e das atividades comerciais. Ao contrário, é no interior da Igreja, especialmente entre os pensadores da Ordem Franciscana, Pedro Olivi (1248-1298), João Duns Escoto (c. 1266-1308) e Guilherme de Ockham (c. 1287-1347), que foram elaboradas reflexões sobre a economia, o valor e o preço dos bens. Como mostrou o historiador Giacomo Todeschini, a economia de mercado não nasceu em oposição à ética e ao humanismo cristãos. Seu desenvolvimento, ao longo do período medieval, foi facilitado por um vocabulário retirado das Escrituras, o qual deu ao mercado e às transações comerciais um sentido positivo e coerente com os princípios da doutrina cristã. Por exemplo, através da construção da imagem do Cristo, que pagou o "preço da salvação", ou ainda dos bons cristãos que dão aos pobres bens perecíveis (as esmolas) e que obtêm em troca bens eternos (a salvação), praticando, portanto, um "comércio feliz". No caso dos autores franciscanos, como foi possível que uma ordem religiosa que pregava a pobreza tenha podido desenvolver uma reflexão sobre os bens e a riqueza? Todeschini mostra que, desde a segunda metade do século XIII, os franciscanos elaboraram um modelo de sociedade no qual a frutificação da riqueza por meio do comércio é que faria com que os homens fossem capazes de contribuir para o bem comum. A circulação dessa riqueza mercantil traria o benefício para todos, em contraste com a riqueza estéril, entesourada pelos proprietários de terras e pelos aristocratas; mesmo esta última poderia, no entanto, circular se os seus detentores praticassem a generosidade. Os pensadores franciscanos criaram e utilizaram um vocabulário em que a comunidade cristã era descrita em termos de troca e de circulação de bens materiais (comércio, esmolas) e imateriais (a salvação). A conclusão de Todeschini é que a religiosidade mais rigorosa da Idade Média, a praticada pelos adeptos da pobreza evangélica, elaborou uma parte considerável do vocabulário da economia ocidental.

## SUGESTÕES DE LEITURA

BALARD, Michel. *Croisades et Orient latin*: XI$^e$-XIV$^e$ siècle. Paris: Armand Colin, 2003.
BARTHÉLEMY, Dominique. *A Cavalaria*: da Germânia antiga à França do século XII. Campinas: Editora da Unicamp/Leme, 2010.
BOUREAU, Alain. *Satã herético*: o nascimento da demonologia na Europa medieval (1260-1350). Campinas: Editora da Unicamp/Leme, 2016.
FLORI, Jean. *Guerra Santa*: formação da ideia de cruzada no Ocidente cristão. Campinas: Editora da Unicamp/Leme, 2013.
GILLIS, Matthew. *Heresy and Dissent in the Carolingian Empire*: the Case of Gottschalk of Orbais. Oxford: Oxford University Press, 2017.
MOORE, Robert I. *The War on Heresy*: Faith and Power in Medieval Europe. Londres: Profile Books, 2012.
PEGG, Mark Gregory. *A Most Holy War*: the Albigensian Crusade and the Battle for Christendom. Oxford: Oxford University Press, 2008.
PEZE, Warren. Nouvelles approches sur le fait controversial du haut Moyen Âge. In: SERE, Bénédicte (Ed.). *Les régimes de polémicité au Moyen Âge*. Rennes: Presses Universitaires de Rennes, 2018.
RILEY-SMITH, Jonathan. *What Were the Crusades?* San Francisco: Ignatius Press, 1977.
RIBEIRO, Daniel Valle. *A Cristandade do Ocidente medieval*. São Paulo: Atual, 1998.
SOUTHERN, Richard William. *Western Society and the Church in the Middle Ages*. Londres: Penguin Books, 1970.
THÉRY, Julien. The Heretical Dissidence of the 'Good Men' in the Albigeois (1276-1329): Localism and Resistance to Roman Clericalism. In: SENNIS, Antonio (Ed.). *Cathars in Question*. Woodbridge: York Medieval Press, 2016, pp. 79-111.
TODESCHINI, Giacomo. *Ricchezza francescana*: dalla povertà voluntaria alla società di mercato. Bolonha: Il Mulino, 2005.
_____. *Les Marchands et le temple*: la société chrétienne et le cercle vertueux de la richesse du Moyen Âge à l'époque moderne. Paris: Albin Michel, 2017.
ZERNER, Monique (Org.). *Inventar a heresia*: discursos polêmicos e poderes antes da Inquisição. Campinas: Leme/Editora da Unicamp, 2009.

# Crises e renovações

Os séculos XIV e XV, na Europa Ocidental, foram palco de acontecimentos que aparentam marcar o colapso da ordem medieval: é o caso da crise do Papado, da Guerra dos Cem Anos, das crises alimentares, da peste, entre outros. Até pouco tempo, os historiadores costumavam utilizar expressões como "Outono da Idade Média" ou ainda "crise do sistema feudal" para designar o conjunto desses acontecimentos. Se tomarmos como referência a peste que, a partir de 1347, dizimou entre um terço e metade da população da Europa Ocidental, ou ainda a Guerra dos Cem Anos, que opôs a França à Inglaterra entre 1337 e 1453, fica evidente que essas expressões parecem apropriadas. No entanto, e paradoxalmente, os séculos XIV e XV também foram caracterizados pela resiliência, ou seja, pela capacidade das sociedades da Europa Ocidental de reagirem à crise econômica e à depressão demográfica, através de inovações no âmbito da produção e do comércio de cereais, da metalurgia, das atividades têxteis, da gestão de bens móveis e imóveis, do sistema fiscal etc. Uma resiliência, aliás, que não se resumiu ao campo das atividades econômicas. A afirmação do indivíduo e o fortalecimento das monarquias também constituíram, em última instância, respostas à depressão demográfica que se seguiu à peste. Ao privilegiarem a crise em seus estudos, os historiadores, pelo menos até os anos 1990, deixaram em segundo plano os novos equilíbrios econômicos, políticos e culturais. Porém, as crises do final do período medieval são indissociáveis das renovações que formam a base daquilo que chamamos de "mundo moderno".

## A "CONJUNTURA DE 1300"

Durante muito tempo, atribuiu-se à peste a principal responsabilidade pela estagnação da economia senhorial. Foi a partir dos anos 1950, e graças aos trabalhos de Michael Postan e Georges Duby, que os historiadores começaram a se interessar pelo que chamaram de "crise de 1300" ou "conjuntura de 1300". Tendo início no final do século XIII, por volta dos anos 1270, e perdurado até por volta de 1330, ela teria representado uma inversão da conjuntura de expansão, que havia marcado os séculos XI a XIII. Assim, a peste de 1347 teria atingido regiões marcadas pela estagnação e populações enfraquecidas pelas crises alimentares, o que teria contribuído para ampliar os seus efeitos devastadores.

Até os anos 1990, as explicações dadas pelos historiadores para esclarecer essa inversão da conjuntura giravam em torno de dois fatores principais: em primeiro lugar, o descompasso entre o crescimento da população e a estagnação dos meios técnicos; depois, o estrangulamento do campesinato dependente por parte da aristocracia senhorial. A primeira explicação é de origem malthusiana, termo derivado do nome do economista inglês Thomas Malthus (1766-1834), que havia previsto a inevitabilidade de uma grave crise alimentar, uma vez que o crescimento da população ocorreria em proporções geométricas, ao passo que os

CRISES E RENOVAÇÕES 117

meios de subsistência cresceriam em proporções aritméticas. Essa tese, retomada e desenvolvida por inúmeros historiadores e economistas, foi utilizada por Michael Postan para explicar a "crise de 1300": o crescimento da população, associado à ausência de inovações técnicas, teria provocado a usura dos solos excessivamente cultivados e a extensão das culturas a zonas até então incultas, sem que tivesse havido aumento da produtividade, uma vez que essas terras marginais manteriam um baixo rendimento. No entanto, mesmo após a brutal diminuição da população, o que resultou em uma disponibilidade de terras maior, as epidemias e a fome persistiram até a metade do século XV. Assim, as explicações neomalthusianas, que surgiram a partir do século XX, não elucidam de forma satisfatória as variações da conjuntura no final do período medieval. Além do mais, com sua preocupação com os fatores demográficos e mesmo climáticos, elas não levaram suficientemente em conta a organização social.

A segunda explicação da "conjuntura de 1300", de inspiração marxista, tem como foco a dominação exercida pela aristocracia senhorial sobre o conjunto da sociedade da Idade Média, em particular o campesinato dependente. No caso específico da crise de 1300, os autores dessa vertente propõem duas interpretações a partir de dois exemplos concretos, na Inglaterra e na França. No primeiro caso, a responsabilidade da crise estaria no bloqueio do crescimento econômico, resultado da ausência de inovação técnica e de novas terras para serem conquistadas, das inúmeras taxas e multas cobradas pelos grandes proprietários dos camponeses que estavam sob o seu controle. As causas primeiras dos episódios de fome, epidemias e guerras do século XIV estariam no marasmo da produtividade e em sua incapacidade de suportar os custos crescentes das despesas não produtivas das classes dirigentes. No caso francês, a razão da crise seria o empobrecimento da aristocracia senhorial. A necessidade de produzir cada vez mais, ao longo dos séculos XI, XII e XIII, teria levado à exploração de novas terras, antigos espaços incultos, mas cuja produtividade não era comparável àquela das terras já utilizadas para as atividades agrícolas. A longo prazo, portanto, a produtividade teria diminuído, provocando uma piora das condições de vida dos camponeses, com a deterioração da situação sanitária e alimentar, o que teria tornado ainda mais mortíferos os surtos de peste. A aristocracia senhorial – especialmente a pequena aristocracia – teria tentado, dessa forma, compensar a diminuição de suas rendas através de um engajamento cada vez maior na administração real (em troca do pagamento de salários regulares) e nas atividades guerreiras promovidas pelas monarquias (que, além dos soldos, permitia o acesso aos produtos das pilhagens). Além de apresentar a crise como o resultado de uma conexão entre a peste, a Guerra dos Cem Anos e o revigoramento do Estado, a perspectiva historiográfica tradicional sustenta a existência de uma depressão que teria atingido todos os domínios da vida social:

---

### UMA CRISE CIVILIZACIONAL?

"O macabro, o pessimismo, o sentimento de fragilidade do homem, ligado aos caprichos de uma Fortuna onipresente, se instalam duravelmente nos espíritos e se manifestam mesmo depois do Renascimento. Não é surpresa para ninguém que um *trend* de mentalidades tenha se sobreposto aos *trends* da economia [em depressão] e do político [antidemocrático nos governos urbanos], e que os efeitos depressivos de uns e outros tenham se conjugado." (BOIS, Guy. *La grande dépression médiévale*: XIV$^e$-XV$^e$ siècles. Le précédent d'une crise systémique. Paris: PUF, 2000, pp. 82-3)

---

Assim, a crise dos séculos XIII e XIV seria, no final das contas, uma crise sistêmica, a crise do Feudalismo.

A partir dos anos 1990, novas abordagens deslocaram o foco das análises sobre a conjuntura de 1300 para as dinâmicas da economia camponesa, especialmente o papel da comercialização de produtos agrícolas, têxteis e artesanais. Os historiadores ingleses foram os primeiros a se preocuparem com as maneiras pelas quais os camponeses atuaram como agentes do desenvolvimento econômico nos séculos XIII e XIV, seja por meio do desenvolvimento do artesanato, da intensificação da atividade comercial ou ainda através do acesso cada vez maior

CRISES E RENOVAÇÕES *119*

aos mercados urbanos. Esse novo enfoque permitiu relativizar e até mesmo pôr em xeque o quadro de depressão que havia sido descrito pelos neomalthusianos e pelos marxistas para a conjuntura de 1300. Essas novas interpretações fundaram-se em evidências até então pouco exploradas pelos historiadores, como os atos de compra e venda, além da arqueologia do habitat. A análise desses dados mostra que não houve uma depressão sistêmica e global no início do século XIV, mas uma crise alimentar que não atingiu as diferentes regiões do Ocidente europeu da mesma forma.

A Grande Fome dos anos 1315-7 teve efeitos que, em algumas regiões, duraram até 1322. Ela atingiu o norte da Europa (a cidade de Bruges perdeu 5% de sua população, Ypres e Tournai, 10%) e Navarra e foi acompanhada por uma epizootia que dizimou os rebanhos. A Grande Fome, ao contrário do que se pensava, não foi o resultado das contradições ou dos limites da economia senhorial, mas fruto de fenômenos climáticos drásticos (intempéries e inundações), porém circunscritos. A maioria dos observadores contemporâneos notou a devastação material causada pelas chuvas e pelas inundações que se seguiram, a destruição de plantações e pastos, o apodrecimento de grãos, o rompimento de diques etc. Alguns cronistas chegaram, inclusive, a comparar essas inundações ao dilúvio dos tempos de Noé.

No sul da Europa, apesar de inundações pontuais dos rios Ebro e Arno, nos anos 1330, as condições climáticas permaneceram globalmente favoráveis às atividades agrícolas. Além disso, a partir de 1300, os cronistas mencionam cada vez mais os preços dos cereais como responsáveis pela fome. Não se trata de uma coincidência, mas, em primeiro lugar, do fato de que os preços desempenham naquele período um papel cada vez maior nas limitações ao acesso aos gêneros alimentícios. Ou seja, a fome é uma das consequências da ampliação da porcentagem de alimentos submetidos aos imperativos da comercialização. Em segundo lugar, não se podem desprezar os usos políticos que os cronistas fazem da carência alimentar.

## OS USOS LITERÁRIOS DA FOME

"Os termos que evocam a 'carestia' se multiplicam após 1300 nos documentos administrativos; por outro lado, *fame* (fome) aparece apenas três vezes em Florença, entre 1300 e 1348, aliás, para indicar mais a penúria geral do que o sofrimento [...] Entretanto, os termos que evocam a alta dos preços e a escassez – 'carestia', 'grande carestia' – aparecem de forma regular após 1300, tanto nas crônicas quanto no *Livro do Biadaiolo*, de Domenico Lenzi, um técnico florentino, especialista dos mercados de alimentação. É também possível, como sugere Gilbert Larguier, que o emprego de *fame* faça parte, no século XIV, de uma politização do evento econômico; nas cidades do Languedoc, bem como em Aragão, evocar o 'barulho dos ventres' acrescenta uma força emotiva e poderosa à luta contra a fiscalidade real, enquanto que em Florença, a propaganda da fome atrela o ódio popular ao partido de Corso Donati, em 1303." (DRENDEL, John. Conclusion. In: BOURIN, Monique; DRENDEL, John; MENANT, François (Dirs.). *Les Disettes dans la conjoncture de 1300 en Méditerranée occidentale*. Roma: École Française de Rome, 2011, pp. 417-22, aqui, p. 418)

Embora não possamos negar os efeitos negativos da comercialização sobre a recorrência das crises alimentares, a mobilização de circuitos comerciais de abastecimento também contribuiu para diminuir os efeitos da fome em determinadas regiões, sobretudo naquelas em que os atores econômicos ou políticos possuíam um grande poder de compra.

CRISES E RENOVAÇÕES **121**

> ## OS MERCADOS CONSUMIDORES URBANOS
>
> "As grandes cidades como Florença, Veneza, Barcelona, Paris ou as cidades de Flandres obtêm em regiões distantes uma boa parte do trigo de que necessitam: na Sicília, às margens do Mar Negro ou às margens do Báltico. Os 60.000 habitantes de Valença consomem, no século XV, segundo estimativas dos contemporâneos, 15.000 toneladas de trigo por ano, metade desse montante sendo importado de ultramar, sobretudo da Sicília. No início de 1346, a comuna de Florença (100.000 habitantes), pressionada pela escassez, busca comprar, em todas as costas do Mediterrâneo, essa mesma quantidade de 15.000 toneladas, mas só consegue obter uma parte. Compradas por preços exorbitantes em tempo de penúria e revendidas por tarifas baixas, a retalho ou sob a forma de pão, essas cargas pesavam bastante nos orçamentos municipais: mais de 15%, no caso de Valença." (MENANT, François. "Du Moyen Age à aujourd'hui: mille ans de famines". *L'Histoire*. Paris, 383, jan. 2013, pp. 78-85)

Mesmo os episódios suprarregionais de fome ocorridos entre 1090 e 1260, mencionados no capítulo "A dominação senhorial", não foram o resultado das limitações estruturais da economia senhorial. Pesquisas recentes mostraram que circunstâncias meteorológicas excepcionais em regiões específicas, ao longo dos séculos XII e XIII, produziram situações de fome que acabaram abrangendo o conjunto da Europa Ocidental. Dois fatores elucidariam por que essa explicação foi difundida: o primeiro era a circulação de informações ou de rumores – por exemplo, notícias, verdadeiras ou não, de uma má colheita em determinada região – que podiam desencadear comportamentos especulativos e a alta de preços; o segundo, a existência de um comércio internacional de cereais, com base no transporte de longa distância dos excedentes cerealíferos. Desde a metade do século XIII, observa-se a existência, no Mediterrâneo Ocidental, de um mercado de trigo que ligava as zonas de produção (Aragão, sul da Itália, Sicília, Sardenha e norte da África) às cidades do norte da Itália, à Provença, a Languedoc e à Catalunha. No norte da Europa, havia também um circuito controlado pelos mercadores da Liga Hanseática, integrando as regiões produtoras (Normandia, Bretanha,

Inglaterra, norte da Alemanha, Prússia, Polônia e Livônia) aos centros consumidores em Flandres e Brabante. Esses circuitos comerciais estavam ainda mais integrados a partir do início do século XIV, quando se desenvolveram redes de abastecimento numa escala europeia e estruturas de estocagem geridas pelas autoridades municipais. As crises alimentares não são unicamente o efeito de uma superpopulação e do esgotamento dos solos, mas, sobretudo, uma consequência da organização mercantil. Em uma economia marcada pela emergência de um mercado de cereais de escala continental, a fome é o resultado de fatores comerciais – muitas vezes o efeito colateral da pujança das atividades de comércio –, não necessariamente o sintoma de uma economia em crise.

No caso do espaço mediterrânico, os dados arqueológicos não indicam a existência de uma recessão por volta de 1300. Ao contrário, mostram uma economia rural dinâmica. Os objetos encontrados nos sítios rurais do período indicam a generalização de novos produtos, de fabricação menos sofisticada, porém mais abundante, como é o caso da cerâmica culinária. Essa diversificação da mobília culinária mostra que houve igualmente uma diversificação da alimentação camponesa. Da mesma forma, as atividades artesanais, especialmente a metalurgia e o trabalho têxtil, foram objeto de inovações que diminuíram consideravelmente os custos de fabricação e, por consequência, os preços para os consumidores.

## INOVAÇÕES TÉCNICAS

"Uma inovação maior do século XIII foi o desenvolvimento do aço, graças a novos tipos de fornos [...] Os estudos recentes mostraram que os interiores montanhosos da periferia mediterrânea foram locais decisivos dessa inovação, por um lado, nos Alpes italianos, por outro, nos Pireneus centrais e orientais. Os dois casos são belos exemplos, cada um à sua maneira, da imbricação entre inovação técnica e transformação da sociedade rural, com a afirmação de elites de empreendedores. A produção do metal é, em si, o elemento central de uma rede siderúrgica, inteiramente rural, que ia da extração do mineral ao produto acabado; os empreendedores combinam essa atividade com outras, especialmente a criação de animais e seus derivados (couro, tecidos, abate) e a exploração florestal. Os vales da Lombardia, por volta de 1300, exportam fio de ferro, todos os tipos de quinquilharias, mas também lâminas de espadas e peças de armaduras de altíssimo valor agregado, cujo acabamento é muitas vezes feito em Milão ou Brescia. Os mineiros, mestres de forjas e fabricantes de armas lombardos são chamados através de toda a Europa para difundirem seu conhecimento." (BOURIN, Monique; MENANT, François; TO FIGUEIRAS, Lluís. Propos de conclusion. In: _____; _____; _____ (Dirs.). *Dynamiques du monde rural dans la conjoncture de 1300*. Roma: École Française de Rome, 2014, p. 661)

Um dos melhores indícios desse dinamismo da economia camponesa na conjuntura de 1300 é a chamada "escrita pragmática", atos de compra e venda, registros contábeis, documentos judiciários etc. Michael Clanchy estimou que, na Inglaterra, somente no século XIII, os camponeses estiveram na origem da produção de mais de 8 milhões desses atos escritos. A escrita pragmática é um indicador dos progressos do letramento nos meios rurais e urbanos, que atingiu, nos séculos XIV e XV, níveis sem precedentes na história europeia. Além do mais, o aumento do volume de registros das transações comerciais mostra a preocupação crescente com a preservação da memória dessas transações e com suas garantias legais. Assistimos, no fundo, a um processo de racionalização da gestão dos bens.

Em suma, a conjuntura de 1300 não correspondeu a uma fase de retração da economia senhorial. A peste, que chegou ao ocidente europeu a partir de 1347, atingiu em cheio uma economia que estava, especialmente no que se refere ao sul da Europa, em pleno florescimento.

## PESTE E DEPRESSÃO DEMOGRÁFICA

Como vimos no capítulo "A dominação senhorial", o primeiro grande surto de peste que o Ocidente conheceu durante o período medieval foi a chamada peste Justiniana, que atingiu a bacia do Mediterrâneo entre 541 e 767. Nesse período, houve 20 grandes incidências da peste no Mediterrâneo Ocidental e no Mediterrâneo Oriental. Os dados a respeito dessa epidemia são bem mais escassos do que aqueles que possuímos para o século XIV: não é possível estimar com precisão a mortalidade causada nas regiões atingidas (os litorais da Itália, da Gália e da península ibérica, além do Vale do Ródano), tampouco a razão da interrupção dos surtos epidêmicos, na segunda metade do século VIII. Nos séculos seguintes, alguns cronistas fazem referência à peste, mas sabemos tratar-se de outras epidemias, como a varíola ou o paludismo.

Entre 1347 e 1350, a peste retornou com uma força inédita, também por via marítima, mas, ao contrário da Justiniana, ela atingiria todo o continente de uma forma devastadora. A doença (tanto a do século VI quanto a do século XIV) era o resultado de uma infecção causada pelo bacilo *Yersinia pestis* (descoberto em 1894 e cujas origens remontam à Idade do Bronze), que se apresenta de três formas: a pulmonar, a bubônica e a septicêmica. A primeira é a mais contagiosa, pois não necessita de vetor, sendo transmitida através de gotas de saliva projetadas no ar pela tosse de indivíduos doentes. Sua taxa de mortalidade era de 100%. A segunda forma da infecção, a bubônica, foi a mais difundida na Europa medieval. Ela se transmite de maneira indireta, por meio da picada de pulgas que vivem em ratos domésticos (e, em alguns casos, nos homens). Essa picada inocula o bacilo no organismo humano, atingindo o sangue e provocando a necrose de células em todo o corpo, particularmente no ponto de inoculação do bacilo, onde se forma uma superfície gangrenada e, por ação de defesa do sistema imunológico, um inchaço dos gânglios, os quais podem atingir o tama-

CRISES E RENOVAÇÕES **125**

nho de um ovo. Estima-se que, na época, entre 20 e 40% dos doentes atingidos pela peste bubônica sobreviviam, o restante desenvolvia a terceira forma da infecção, uma septicemia aguda que atinge o coração, os rins e os pulmões e que conduz à morte.

Originária da Ásia (provavelmente da China), a peste é mencionada na cidade de Caffa (um entreposto genovês), às margens do mar Negro, durante o cerco mongol, em 1346. Os genoveses resistiram ao cerco, mas, em seu retorno à Europa, trouxeram a peste consigo. Na primavera de 1347, ela é atestada em Constantinopla; Alexandria, no Egito, foi atingida em setembro de 1347; Messina, na Sicília, em outubro; Marselha, em novembro; Barcelona, em maio de 1348; Almeria, Paris e Veneza, em junho. Nenhuma região da Europa foi poupada: Itália, França, Inglaterra, Irlanda, Escandinávia, a região báltica, Polônia, a península ibérica, as planícies da Europa Central, os Bálcãs. Para piorar a situação, a peste instalou-se de maneira endêmica: entre 1348 e 1670, houve surtos da doença todos os anos na Europa, ainda que nem todas as regiões tenham sido atingidas. A mortalidade não foi idêntica em todas as regiões, o que mesmo as fontes da época notaram. É o caso do relato a seguir, escrito por um monge anônimo da abadia de Saint-Aubin d'Angers, na França. O autor também observa as diversas formas da peste, a bubônica, a pulmonar e a septicêmica:

## UM SURTO DE PESTE NA FRANÇA

"Em 1349, no oitavo ano do pontificado de Clemente VI e no vigésimo sexto ano do episcopado de Fulquério de Mathefelon, bispo de Angers, Felipe de Valois sendo rei da França e João, seu filho mais velho, conde de Anjou, no dia 27 de setembro morreu Pedro Bonneau, abade de Saint-Aubin [...] Reinava então uma grande mortalidade, que os médicos chamam epidemia, e sucumbiram dessa mortalidade Pedro de Morée, prior do claustro, Pedro Pieferré, armeiro, Guilherme, o Escudeiro, capelão, Guilherme Beloceau, enfermeiro, Pedro de Banne, estalajadeiro, três crianças e seu mestre, o irmão Roberto Guifin. E fora do monastério, nos priorados, os mortos foram muito numerosos entre os priores e seus colegas. Ela percorreu todo o universo, mas não assolou todos os países da mesma maneira, pois em algumas regiões só restou um décimo dos homens, em outras, um sexto, em outras, morreu um terço, alhures, um quarto. E essa mortalidade começou nas regiões do Oriente, em seguida, desceu em direção ao Oeste, onde reinou menos, isto é, ela se comportou de maneira mais branda. Na província de Tours ela foi menos rigorosa do que havia sido com frequência em outros lugares. Havia três formas dessa epidemia, pois alguns cuspiam sangue, outros tinham manchas vermelhas e marrons no corpo, como as vieiras ou a truta; ninguém escapava dessas duas formas; os outros tinham abscessos ou inchaços na virilha ou sob as axilas e entre eles alguns conseguiam escapar. Essa epidemia cessou em Anjou em 1349, por volta da Festa de Todos os Santos. Ela havia começado, no ano anterior, por volta do dia de Santo André entre os irmãos de Santo Agostinho. É preciso salientar que essas doenças eram muito contagiosas e que quase todos aqueles que cuidavam dos doentes morriam, bem como os padres que recolhiam suas confissões." (Biblioteca de Angers, Ms 827 (743). In: BRUNEL, Ghislain; LALOU, Élisabeth. *Sources d'histoire médiévale*: IX$^e$-milieu du XIV$^e$ siècle. Paris: Larousse, 1992, p. 803)

Os efeitos do primeiro surto epidêmico foram agravados pela incidência de novos surtos, que continuariam a atingir o continente europeu até o século XVIII. Um bom exemplo, nesse sentido, é a Inglaterra, que perdeu 25% de sua população em 1348; 22,7% em 1360; 13,1% em 1369; e 12,5% em 1375. A diminuição do impacto da peste a cada novo surto se explica pela imunização crescente da população. No entanto, as consequências demográficas eram graves em longo prazo. Entre os séculos XIV e XV, por exemplo, a Normandia Oriental, a região parisiense, Provença e Navarra perderam cerca de 70% de sua população.

A peste e suas recorrências ao longo dos séculos XIV e XV constituíram uma catástrofe demográfica sem precedentes na história europeia. Estima-se que tenha perecido de um terço a metade da população do continente. Some-se a isso o fato de que a peste veio acompanhada de uma série de epidemias, como o sarampo, a difteria, a rubéola, a escarlatina, a gripe e a coqueluche, além da fome e da carestia. De modo geral, as cidades, pela densidade populacional e pelas precárias condições de higiene, sofreram mais do que o campo, embora várias paróquias rurais tenham sido também dizimadas. Mas, ao contrário do que se possa pensar, as crises alimentares que atingiram a Europa do Norte e Navarra no início do século XIV não contribuíram para acentuar os efeitos da peste. A taxa de mortalidade resultante do surto da doença foi a mesma em regiões próximas, tivessem elas experimentado ou não situações prévias de crise alimentar. Por outro lado, as diferentes condições alimentares tiveram um papel na neutralização dos efeitos da peste. Regiões mais férteis, como a Normandia, tiveram uma melhor recuperação do que aquelas onde os solos eram menos férteis, como em Navarra.

## O ESTADO MODERNO: GUERRAS E SISTEMA FISCAL

Os séculos XIV e XV foram marcados pela emergência do Estado moderno através do fortalecimento das monarquias, sobretudo na França, na Inglaterra e na península ibérica. A máquina administrativa estatal era custosa, pois incluía um vasto corpo de funcionários, representantes, além de soldados e oficiais, que necessitavam de pagamento regular. As guerras, os confiscos de bens e as coletas de impostos constituíam os únicos meios de se obter esses recursos. As guerras, quando se concluíam por vitórias ou por uma paz vantajosa, consistiam em fontes de recursos não só para os poderes centrais, mas também para a aristocracia senhorial, que delas retiravam soldos e todo tipo de bens oriundos das pilhagens. Entretanto, outro lado, as atividades guerreiras consumiam uma parte importante do orçamento estatal. Havia, portanto, uma relação estreita entre guerra e fiscalidade. As guerras eram financiadas pelo estabelecimento de impostos excepcionais, o que também ocorria para compensar as perdas decorrentes de derrotas militares. Esses impostos pesavam sobre a economia e contribuíram para a desestabilização dos mercados, pois reduziam a zero a previsibilidade das transações comerciais e provocavam prejuízos para as atividades produtivas. Irregulares e dependendo da vontade do príncipe ou dos imprevistos das campanhas militares, seu valor podia variar de acordo com as necessidades da conjuntura. Os próprios conflitos eram uma fonte de insegurança e de desestruturação das atividades produtivas, conduzindo, entre outros, à destruição ou ao confisco das colheitas e dos rebanhos e à insegurança das rotas comerciais.

As consequências da emergência do Estado moderno e do estabelecimento do sistema fiscal não foram apenas negativas. As transações mercantis, antes reguladas pelas particularidades de cada cidade e região, obtiveram um enquadramento institucional que permitiu o desenvolvimento mais eficaz de mercados e de feiras comerciais. As percepções fiscais regulares eram um instrumento da racionalização administrativa. Por um lado, os poderes centrais deram-se conta de que o meio mais eficaz para impedir a evasão fiscal era tornar as cidades e as comunidades rurais responsáveis pela cobrança dos impostos, o que reforçava a autonomia local. Por outro, as cidades e as comunidades rurais foram levadas a desenvolver técnicas de gestão de seus recursos, de previsão de despesas etc. Muitas vezes, a solução encontrada para o pagamento das taxas devidas era a tomada de empréstimos a banqueiros e ricos comerciantes, o que contribuiu para dinamizar as redes de crédito, embora isso também tenha conduzido ao aumento do endividamento. A relação entre os poderes centrais, as cidades e as comunidades rurais era marcada por tensões, que iam desde revoltas até a renegociação dos valores devidos – uma prática semelhante à que vimos no capítulo "A dominação senhorial", através da qual se renegociavam os valores das taxas devidas à aristocracia senhorial. Como mostram as pesquisas recentes, as cidades foram mais eficientes do que as comunidades rurais no desenvolvimento de um arsenal de negociações. Estima-se que as comunidades rurais sofreram, em seu conjunto, uma taxa de imposição fiscal correspondente ao dobro daquela imposta às cidades. Finalmente, o estabelecimento do sistema fiscal do Estado moderno estimulou a circulação monetária, na medida em que os impostos cobrados *in natura* acabaram alimentando os mercados locais.

A guerra, ao lado do conflito com o Papado e suas pretensões universalistas, foi um dos mecanismos de afirmação do Estado moderno, sobretudo na França e na Inglaterra. É o que podemos observar, por exemplo, através do mais mortífero conflito do final da Idade Média, a Guerra dos Cem Anos. A expressão pela qual esse conflito é conhecido é de origem moderna, nascida no século XIX, e serve para designar uma série de guerras que opuseram a França e a Inglaterra entre 1337 e 1453. A raiz da disputa entre os dois reinos estava na lógica da dominação senhorial, que fazia do rei inglês o vassalo do rei francês em razão das terras que o primeiro possuía na Aquitânia. Essa situação se agravou quando, após a morte do rei francês Carlos IV, em 1328, o rei inglês Eduardo III reivindicou o trono da França, pois era descendente da irmã do rei falecido. Como a França foi palco da maior parte das operações militares, seu território concentrou boa parte dos danos. A monarquia francesa foi a maior beneficiária, pois a expulsão dos ingleses permitiu a unificação do país. Ambas as identidades nacionais saíram reforçadas dessa longa série de conflitos.

## UMA CRISE SISTÊMICA?

A vida religiosa, mais precisamente a relação dos homens com a morte, foi muitas vezes evocada para demonstrar que o impacto da crise do século XIV foi muito além do domínio das relações econômicas. As procissões de flagelantes (grupos de indivíduos que se penitenciavam violentamente em público, suplicando o perdão de Deus) na Itália, na Alemanha, na Europa Central e na França seriam, nesse sentido, uma necessidade de autoexpiação de grupos que consideravam a peste um castigo divino.

Diante da ameaça e da onipresença da morte, as representações artísticas teriam sido "invadidas" pelo tema do macabro, cujo melhor exemplo seria a Dança Macabra, uma alegoria que ornamentava os muros de igrejas e cemitérios, apresentando reis, imperadores, papas, trabalhadores sendo

130 HISTÓRIA MEDIEVAL

conduzidos pelos mortos em uma procissão em direção ao túmulo. Era uma representação artística indicativa de que, qual fosse o estatuto do indivíduo em vida, a morte, ao final, uniria todos igualmente. Em virtude da ausência de compreensão dos mecanismos de difusão da peste, as crenças taumatúrgicas, especialmente no culto a São Sebastião e a São Roque, teriam se difundido, ao mesmo tempo que o medo da morte teria apressado o desenvolvimento das práticas testamentárias. Esse conjunto de fenômenos indicaria a existência de uma crise sistêmica.

Não se podem negar os efeitos devastadores da peste. A perda do grau de previsibilidade da ordem foi responsável, sem dúvida, por um grande número de comportamentos de massa, como os linchamentos e as fugas. Contudo, algumas das características apontadas como reações dos homens do século XIV diante dessas calamidades estavam, na verdade, presentes desde antes da peste. Um bom exemplo são as já mencionadas procissões de flagelantes. O autoflagelo não é uma simples resposta à presença disseminada da morte, mas a continuação de uma piedade que nasceu no século XIII, juntamente com as primeiras associações de flagelantes. Como mostrou André Vauchez, o advento do macabro não tem relação direta com a hemorragia demográfica dos séculos XIV e XV, sendo um fenômeno anterior.

Além disso, assiste-se, nos séculos XIV e XV, a um aumento da recorrência de perseguições contra leprosos, judeus e hereges. Em muitos lugares, os judeus foram acusados de envenenarem os poços. Em Estrasburgo, o massacre de judeus foi considerado pela população uma medida preventiva para impedir que a cidade fosse atingida pela peste. No entanto, esses massacres não podem ser relacionados integralmente à busca de "bodes expiatórios" e à irracionalidade difusa em situação de calamidade. No caso do *pogrom* ocorrido na Espanha, em 1391, por exemplo, não havia nenhuma relação com a peste. É preciso lembrar que as perseguições contra os judeus e contra as minorias tiveram início bem antes da peste. Vimos, no capítulo "Igreja e sociedade", que os primeiros massacres de judeus ocorreram pouco depois do apelo de Urbano II para que os cristãos partissem para uma peregrinação armada em direção a Jerusalém, no final do século XI. Ainda que, em alguns lugares da Europa Ocidental, os ataques às minorias tenham se intensificado em decorrência da peste, esse fenômeno está relacionado intrinsecamente à emergência da sociedade persecutória.

O desenvolvimento da comercialização dos produtos agrícolas e o fortalecimento dos poderes centrais (e de seu sistema fiscal) trouxeram ganhadores e perdedores. Entre os primeiros, o rei, aqueles que participavam da coleta dos impostos, os setores da aristocracia senhorial que começavam a se converter em corpo de funcionários do Estado, bem como os banqueiros e comerciantes que puderam se beneficiar do aumento da demanda por crédito e da circulação de mercadorias. Entre os perdedores, os camponeses que não suportaram o peso das imposições fiscais, que tiveram suas terras confiscadas e que vieram se juntar, nas cidades, aos pobres e miseráveis que lá já se encontravam, quando não se contentaram de vagar entre uma cidade e outra. As recorrências da peste e as guerras agravaram o fenômeno, cujas tentativas de remediação se deram por meio da assistência ou da repressão. No primeiro caso, destaca-se a atuação das ordens mendicantes nos meios urbanos, sobretudo a Ordem Franciscana, cujas santificações da pobreza e da privação explicam o seu papel no desenvolvimento de ações de caridade. Essa também foi a conduta das autoridades municipais e reais, embora a atuação delas fosse ambivalente. A adoção de medidas repressivas acentuou-se nos séculos XIV e XV, e tinha o objetivo de controlar os comportamentos de uma massa que crescia em razão das contingências econômicas e sanitárias. Como mostrou Bronislaw Geremek, a oscilação entre "a piedade e o cadafalso" não é uma contradição em si, mas fruto da percepção, difundida no final do período medieval, de que existem "bons pobres" e "maus pobres": os primeiros, inválidos, idosos, órfãos e viúvas, seriam dignos de ajuda, ao passo que os outros, considerados preguiçosos, vagabundos e ladrões, deveriam ser presos ou banidos do convívio social. Do ponto de vista desse movimento intenso de classificação e de desclassificação social, que produz ganhadores e perdedores, os séculos XIV e XV são mais bem definidos pela instabilidade social, política e econômica do que pela depressão.

Finalmente, é preciso lembrar que as reações diante da morte nem sempre foram irracionais. O historiador francês Jacques Chiffoleau constatou uma ampliação da prática testamentária nos séculos XIV e XV. Tra-

132 HISTÓRIA MEDIEVAL

balhando com mais de 5.400 testamentos da região de Avignon (França), o autor observa que, a partir dos anos 1360-80, houve uma multiplicação de disposições testamentárias que regravam em detalhes o destino do corpo após a morte: a escolha da sepultura, os participantes dos cortejos fúnebres, bem como o montante da herança a ser dedicado às missas pela alma do defunto. A urbanização, as migrações e a peste teriam destruído as solidariedades linhagísticas e os laços entre os habitantes das cidades e suas regiões de origem. Esse desenraizamento ajudaria a explicar a preocupação com o próprio corpo após a morte, uma espécie de tomada de consciência da "morte de si", um dos testemunhos do individualismo nascente. Além disso, as disposições a respeito dos bens a serem legados mostram o desenvolvimento do espírito contábil dos homens do final do período medieval. O exemplo dos testamentos estudados por Jacques Chiffoleau mostra o quanto a grave crise demográfica conduziu a uma adaptação dos homens às novas condições de existência, fazendo emergir duas características essenciais daquilo que chamamos de modernidade: a percepção de si e a gestão racional dos bens.

## A ECONOMIA MEDIEVAL NUMA DINÂMICA DE LONGA DURAÇÃO (SÉCULOS XI-XV)

A imagem de uma crise sistêmica que teria atingido a Europa Ocidental no final da Idade Média é extremamente contraditória com aquilo que sabemos a respeito da expansão econômica e política europeia no início da Idade Moderna. Em outras palavras, essas sociedades marcadas pela fome, pelas epidemias sucessivas, pelas guerras e pela violência interna, pelo medo da morte e pelo macabro não parecem ser as mesmas que empreenderam a expansão comercial, a conquista e a integração do Novo Mundo, da África e da Ásia a uma economia global. O problema, no fundo, é uma questão de forma e de escala. Em primeiro lugar, a forma. Tendemos a atribuir uma importância excessiva aos marcos cronológicos que utilizamos para assinalar a passagem do tempo em nossa disciplina. Assim, se a História Medieval termina no século XV, tudo aquilo

CRISES E RENOVAÇÕES **133**

que ocorre depois é terreno da História Moderna e dos historiadores da modernidade. A ideia de uma "longa Idade Média", defendida por Jacques Le Goff e que se estenderia até o século XVIII, tomando-se como parâmetro as mentalidades, contribuiu para pôr em xeque essa divisão rígida. Jérôme Baschet vai ainda mais longe, ao afirmar que a "Cristandade feudal" do século XV possuía uma força expansiva que conduziu os ocidentais para as margens do Novo Mundo e para a conquista do continente americano. Para ele, a "civilização feudal" dos séculos XIV e XV, considerada tradicionalmente uma época de estagnação e de obscurantismo, era portadora de uma dinâmica que permitiu ao Ocidente impor sua dominação não apenas sobre o continente americano, mas também sobre todo o mundo.

Para compreendermos a dinâmica da economia europeia, não é possível separar nitidamente o período medieval do moderno. A dinâmica da expansão europeia não teve início repentino no final do século XV, e ela não se resume a algumas descobertas técnicas que permitiram aos navegadores portugueses irem cada vez mais longe através dos oceanos Atlântico, Índico e Pacífico. As transformações que permitiram às sociedades europeias projetarem-se além do seu espaço geográfico inicial tiveram início na Idade Média. É o caso das inovações técnicas no domínio agrícola e artesanal, do desenvolvimento do comércio e do letramento.

Vejamos, agora, o problema da escala. Ao tomarmos como parâmetro de nossa análise apenas a segunda metade do século XIV, não há a menor dúvida da existência de uma crise econômica e de uma depressão demográfica na Europa Ocidental. Entretanto, se tentarmos nos situar numa escala de tempo mais ampla e geograficamente mais precisa, o quadro é bastante diferente. O século XIII não assistiu ao esgotamento da economia senhorial, a dinâmica iniciada no século XI prosseguiu, apesar dos incidentes do século XIV, até o início da época moderna. As evidências trazidas pela análise de dados arqueológicos e textuais mostram que as diferenças regionais são significativas, e que o sul da Europa não sofreu da mesma forma que o norte as intempéries e a fome que se seguiram entre 1315 e 1322.

## DEPRESSÃO E EXPANSÃO NO FINAL DA IDADE MÉDIA

"Na segunda metade do século XV, em termos de extensão espacial, a Europa Ocidental estava em recuo em relação à Cristandade Latina do século XIII, presente em todas as margens do Mediterrâneo e do mar Negro. Em suas margens oriental e meridional, ela estava, desde o final do século XIV, desafiada pelo poder emergente dos otomanos, que tomaram o essencial dos antigos territórios bizantinos. Em termos de população, ela estava longe de ter voltado ao nível de antes da peste de 1348 e não seria difícil acumular, para o conjunto do continente, testemunhas dos anos 1430-1480 que descrevem um espaço arruinado, uma população empobrecida e dizimada pelas mortalidades, uma sociedade desmoralizada e dividida pelos conflitos civis. Na escala do século, a constatação deveria ser, portanto, a de uma depressão e de uma regressão. Entretanto, nunca a sua capacidade de se estender e o seu dinamismo foram tão evidentes, como demonstram o término da conquista espanhola e, em seguida, a expansão ao longo das costas africanas e do além-Atlântico. No entanto, na divisão do trabalho histórico, é aos historiadores da modernidade que cabe descrever a expansão, aos medievalistas, a responsabilidade do inventário das feridas cuja sociedade europeia carrega as marcas. Uns e outros podem, assim, se sentir dispensados de se interrogar sobre os processos de longo prazo, que, através do crescimento e do decaimento, transformaram a sociedade europeia em potência dominante, enquanto seus concorrentes se apagavam do tabuleiro geopolítico." (ARNOUX, Mathieu. "Travail, redistribution et construction des espaces économiques (XI<sup>e</sup>-XV<sup>e</sup> siècle)". *Revue de Synthèse.* Paris, 5, 2006, pp. 273-98, aqui, p. 276).

A depressão demográfica não trouxe consigo o colapso da civilização ocidental, como testemunham, no caso das atividades têxteis e do artesanato, as ferramentas e a mobília mais abundantes e mais eficazes, ou seja, uma melhora dos equipamentos urbanos; no plano político, o desenvolvimento administrativo e fiscal dos Estados; ou ainda, no campo cultural, os progressos da alfabetização. Esses indícios convergentes mostram que a dinâmica da economia medieval inscreve-se na continuidade da expansão da Idade Média Central e se estende até o século XV. A peste e outras epidemias que se seguiram, as crises alimentares e as guerras provocaram uma depressão demográfica sem precedentes. No entanto, tal depressão não trouxe consigo uma ruptura econômica estrutural. Não é um equívoco afirmar que o mundo moderno começou a se constituir na Europa medieval, a partir do século XII.

# SUGESTÕES DE LEITURA

ARNOUX, Mathieu. "Croissance et crises dans le monde médiéval XI$^e$-XV$^e$ siècle. Réflexions et pistes de recherche". *Cahiers du Monde Russe – Russie – Empire Russe – Union Soviétique et États Indépendants*. 46/1-2, 2005, pp. 115-32.

BALARD, Michel; GENET, Jean-Philippe; ROUCHE, Michel. *Le Moyen Âge en Occident*. Paris: Hachette, 2011.

BASCHET, Jérôme. *A civilização feudal*: do Ano Mil à colonização da América. São Paulo: Globo, 2006.

BENITO I MONCLÚS, Pere. "Famines sans frontières en Occident avant la 'conjoncture de 1300'". In: BOURIN, Monique; DRENDEL, John; MENANT, François (dirs.). *Les Disettes dans la conjoncture de 1300 en Méditerranée Occidentale*. Roma: École Française de Rome, 2011, pp. 37-86.

BIRABEN, Jean-Noël. *Les Hommes et la peste en France et dans les pays européens et méditerranéens*. Paris-La Haye: Mouton, 1975-76, t. I: La Peste dans l'histoire, t. II: Les Hommes face à la peste.

BOIS, Guy. *La Grande dépression médiévale*: XIV$^e$ et XV$^e$ s. Le précédent d'une crise systémique. Paris: PUF, 2000.

BOURIN, Monique; MENANT, François; TO FIGUEIRAS, Lluís (Dirs.). *Dynamiques du monde rural dans la conjoncture de 1300*. Roma: École Française de Rome, 2014.

CHIFFOLEAU, Jacques. *La Comptabilité de l'au-delà*: les hommes, la mort et la religion dans la région d'Avignon à la fin du Moyen Âge, vers 1320-vers 1480. Roma: École Française de Rome, 1980.

CLANCHY, Michael. *From Memory to Written Record*: England 1066-1307. West Sussex: Wiley-Blackwell, 2013 [1. ed. 1979].

CORTONESI, Alfio; PALERMO, Luciano. *La prima espansione economica europea*: secoli XI-XV. Milão: Carocci, 2009.

GEREMEK, Bronislaw. *La Potence ou la pitié*: l'Europe et les pauvres du Moyen Âge à nos jours. Paris: Gallimard, 1987.

JORDAN, Willian Chester. *The Great Famine*: Northern Europe in the Early Fourteenth Century. Princeton: Princeton University Press, 1996.

PALERMO, Luciano. *Sviluppo economico e società preindustriali*: cicli, strutture e congiunture in Europa dal medioevo alla prima eta moderna. Roma: Viella, 2001.

WOLFF, Philippe. *Outono da Idade Média ou primavera dos tempos modernos?* São Paulo: Martins Fontes, 1988.

# A fabricação da Idade Média

A Idade Média é, sem sombra de dúvidas, um tema atual. Umberto Eco disse, em uma entrevista, que todos têm a sua própria ideia – geralmente equivocada – do que seja a Idade Média. Evidentemente, não pode haver tantas ideias a respeito desse fenômeno e todas elas estarem igualmente corretas. Mas daí a considerar que essas ideias estão globalmente equivocadas há um longo caminho. Em que pese o pessimismo contido nessa afirmação, a frase do escritor italiano está correta em um ponto essencial: a Idade Média, ao longo do século XX, deixou de ser apenas uma ferramenta de historiadores, literatos, filósofos e antropólogos para se tornar um objeto de curiosidade, de interesse e de exploração em filmes, festivais, ou seja, por parte da chamada "cultura popular". Umberto Eco contribuiu e muito, diga-se de passagem, para a popularização da Idade Média, como mostram seus romances com ambientação medieval, especialmente *O nome da rosa*, de 1980, adaptado com grande sucesso para o cinema, em 1986. A popularização da Idade Média nas últimas quatro décadas teve como marco o sucesso de filmes como *Excalibur*, do diretor inglês John Boorman, e o próprio *O nome da rosa* – o qual, aliás, contou com a consultoria de Jacques Le Goff, um importante medievalista. Nesse sentido, o caso mais recente – e também mais emblemático – é o de A Song of Ice and Fire, série de romances cujo primeiro volume, intitulado *Game of Thrones*, foi adaptado com enorme sucesso para a televisão. Embora não seja um romance histórico, ou claramente ambientado na Idade Média, como era o caso de *O nome da rosa* ou de *Excalibur*, a inspiração medieval do cenário, dos costumes e dos personagens é evidente.

Até os anos 1980, o interesse pelo período medieval entre o grande público não era muito significativo. Graças ao cinema e à literatura, mas também às obras de autores como Georges Duby e Jacques Le Goff, cujo sucesso ultrapassou os limites do mundo acadêmico, o período medieval tornou-se objeto de numerosas celebrações coletivas, cujas iniciativas são tanto públicas quanto privadas: filmes, espetáculos, romances, festas medievais, butiques e restaurantes, sites, jogos etc. No entanto, essa popularização não significou o triunfo de uma visão positiva sobre o período medieval. Não são raras as vezes em que ele é evocado para realçar aspectos negativos da atualidade: a tortura, a intolerância religiosa, a submissão da mulher e os crimes hediondos, entre outros. Ainda que nenhuma dessas práticas seja uma exclusividade daquele período, elas são identificadas como "medievais". Ao comentar a execução de um brasileiro no início de 2015, condenado à morte na Indonésia por tráfico de drogas, um jornal brasileiro fez referência a uma "pena medieval", como se fuzilamentos fossem comuns naquela época. Um jurista britânico disse, em uma audiência da Comissão de Direitos Humanos e Legislação Participativa (CDH), do Senado Federal, que a delação premiada, um dos principais instrumentos de combate à corrupção no Brasil contemporâneo, era uma "prática medieval, uma tortura". O medieval, nesses casos aqui citados, é uma denominação que se aplica a tudo aquilo que se considera indigno da modernidade. Por outro lado, como mencionei, a Idade Média é também objeto de numerosas celebrações, que lhe conferem um estatuto de curiosidade e, mais importante ainda, de período "áureo" da história. O número de associações que se dedicam a comemorar algum aspecto ou data do período medieval tem aumentado de maneira significativa ao longo dos últimos anos, e não apenas na Europa. Observamos esse fenômeno na América do Norte, na América Latina – em particular no Brasil – e na Ásia. Assim, duas imagens contraditórias do período medieval convivem e às vezes se confundem na opinião pública e na cultura popular contemporâneas.

A importância e, sobretudo, os usos da Idade Média não se limitam ao campo da cultura popular e das diversas manifestações artísticas. Em certos meios intelectuais, ela é, às vezes, descrita como o nascedouro de valores coletivos de solidariedade e da ética cavaleiresca; em suma, uma fonte de referência para o mundo contemporâneo e para o seu suposto "individualismo exacerbado". Muitos historiadores e homens políticos consideram o estudo desse período um meio de definir as raízes de suas respectivas nações e também os da própria civilização ocidental. Como lembra o historiador norte-americano Patrick Geary, a interpretação do período que compreende o declínio do Império Romano e as invasões bárbaras tornou-se o sustentáculo do discurso político na maior parte da Europa nos séculos XIX e XX. No entanto, não são apenas os primeiros séculos do período medieval que são considerados a matriz das identidades nacionais europeias. Por exemplo, na França do século XIX, Joana d'Arc (1412-1431) foi elevada ao nível de heroína nacional, a encarnação do povo francês na luta contra os invasores estrangeiros.

Mais do que uma evocação dos séculos medievais para uma afirmação cultural ou identitária, assistimos, ao longo do século XIX e, principalmente, do século XX, a usos deliberados daquele período com fins políticos. Tais usos podem ter consequências graves, como foi o caso da instrumentalização, por parte dos nazistas, do passado medieval. Heinrich Himmler, o chefe das SS (Esquadrão de Proteção) – espinha dorsal do regime nazista e principal executora da política de extermínio de judeus – tinha verdadeira obsessão pela Idade Média, a ponto de acreditar ser a reencarnação do rei Henrique I (876-936). Himmler patrocinou diversas expedições arqueológicas através de uma associação (a Ahnenerbe – Sociedade para o Estudo da História Espiritual da Herança Ancestral Alemã) destinada a investigar as origens de uma suposta "raça ariana", bem como identificar todos os territórios que foram um dia ocupados ou colonizados pelos povos germânicos. Algumas dessas missões de escavação foram enviadas para o Leste Europeu e para a Rússia, de maneira a tentar provar que essas regiões teriam sido, na Antiguidade e na Idade Média, povoadas pelas tribos germânicas. Não havia nenhuma base científica nos métodos utilizados por esses arqueólogos. O objetivo era claro: tratava-se de justificar a política do espaço vital preconizada por Adolf Hitler e, uma vez a guerra iniciada, legitimar a ocupação dessas regiões pelo Exército alemão. Além disso, divisões das Waffen-SS tinham nomes que evocavam claramente o passado medieval, por exemplo, Viking e Carlos Magno.

Os usos políticos da Idade Média na Europa não cessaram com a derrota do nazismo. Eles ganham força com a emergência de correntes nacionalistas nas antigas ditaduras comunistas da Europa Oriental. No dia 26 de junho de 1989, Slobodan Milosevic, então presidente da República Socialista da Sérvia, convocou uma grande manifestação em Gazimestan, no centro do Kosovo, região de maioria albanesa e muçulmana, para comemorar os 600 anos da batalha na qual o reino medieval da Sérvia havia sido derrotado pelo Império Otomano. A comemoração de uma derrota era uma maneira de reavivar o sentimento de revanchismo dos sérvios em relação às populações muçulmanas. O discurso, pronunciado diante de uma multidão de mais de um milhão de pessoas, mencionava o passado medieval e apontava para a possibilidade de conflitos armados no futuro, o que de fato veio a ocorrer, naquilo que foi a mais sangrenta guerra civil que a Europa conheceu desde o final da Segunda Guerra Mundial. É muito claro aqui o uso político da Idade Média: Milosevic recuperava o conflito entre cristãos e muçulmanos durante o século XIV nos Bálcãs, apresentando a Sérvia como bastião da cultura, da religião e da sociedade europeias.

Em trechos do discurso de Slobodan Milosevic, é possível notar a ameaça explícita contida em trecho no qual ele faz referência a batalhas que poderiam ocorrer e que, realmente, vieram a acontecer, a partir de 1991. Milosevic também tenta demonstrar que a batalha medieval – em que a Sérvia medieval tinha sido derrotada – era uma batalha pela Europa, entendida como um conjunto cultural e religioso homogêneo. O objetivo aqui era claro: apresentar o conflito que se avizinhava como um enfrentamento cultural e religioso, opondo a Sérvia cristã a Kosovo e a outras regiões que constituíam então a Iugoslávia, nas quais parte considerável da população, senão a maioria, era muçulmana.

A ideia das origens medievais vai muito além do terreno da recuperação política e não se restringe aos países europeus. O Brasil e outras nações do Novo Mundo também são vistos, por alguns historiadores, como produtos de uma matriz histórica medieval. O historiador e jurista mexicano Luis Weckmann publicou, em 1983, *La herencia medieval del México* [A herança medieval do México] e, dez anos depois, *La herencia medieval del Brasil* [A herança medieval do Brasil]. Segundo Weckmann, não teria havido, na península ibérica, um declínio da Idade Média. Os espanhóis e os portugueses puderam, assim, transmitir ao Novo Mundo instituições e modelos medievais que ainda estavam em pleno vigor em seus países, ao passo que já teriam entrado em declínio em outras partes da Europa.

No que se refere ao Brasil, Weckmann estabelece um quadro amplo do que ele chama de "frutos tardios do espírito medieval". A lista é extremamente longa: os conselhos municipais, a devoção à Virgem, a nobreza, a Ordem do Cristo, a *encomienda*, a música, as danças e os jogos, a navegação, os regulamentos administrativos e comerciais, o artesanato, as técnicas de produção, a escolástica, o ensino, os debates teológico-políticos, as múltiplas manifestações da religião cristã, tanto do ponto de vista litúrgico quanto do ponto de vista das numerosas formas de devoção etc. A conquista e o povoamento da América teriam significado, além da transmissão das instituições medievais e de sua adaptação ao Novo Mundo, o renascimento de velhas instituições já em "decadência" em outras partes da Europa. No Brasil, o regime das capitanias hereditárias havia instituído os privilégios senhoriais e feudais.

Aceitar os paralelos propostos por Weckmann traz consigo o risco de colocar em segundo ou em terceiro planos uma parte importante do complexo processo de formação dos países latino-americanos, seja por conta da diáspora africana, seja por conta da contribuição das populações indígenas e das sucessivas levas de imigração europeia e também asiática. Não se trata aqui, evidentemente, de negar a importância da influência europeia sobre as sociedades do Novo Mundo, mas de ressaltar que dificilmente essa influência pode ser qualificada de "medieval". É claro que se podem traçar paralelos entre o período medieval e certas características das práticas religiosas, do urbanismo e da organização militar trazidos pelos portugueses para a América; tais paralelos são inúmeros e incluem até mesmo a Cruz de Cristo que estava estampada nas velas dos navios que aportaram pela primeira vez em Porto Seguro, no dia 22 de abril de 1500. No entanto, nada disso pode nos fazer esquecer que o processo que deu origem à ocupação e à exploração do território americano consistiu na criação de uma economia-mundo de matriz europeia. O comércio triangular é um excelente exemplo nesse sentido. Não só a lógica da integração das Américas, mas também a da África e de parte da Ásia à dominação europeia estavam fundadas numa expansão que dificilmente se pode designar como "medieval" – se entendemos o termo como o conjunto complexo de características das sociedades europeias entre os séculos V e XV.

Há, atualmente, duas grandes posturas em relação à Idade Média. A primeira delas apresenta o período como uma espécie de "espelho invertido da modernidade": para uns, isso significa que ela seria sinônimo de pobreza, fome, epidemias, intolerância, superstições, que ainda deixaram as suas marcas no mundo moderno, mas que cabe ao progresso superar. Para outros, esse espelho invertido é um modelo a ser seguido: a Idade Média seria um repertório de valores para os quais seria necessário retornar, seja por meio da recuperação de uma ética cavaleiresca, seja por meio da reafirmação de valores coletivos de solidariedade, de respeito à natureza. A segunda postura, mais comum nos meios acadêmicos, consiste em estabelecer uma relação direta entre a Idade Média e a modernidade, destacando as origens medievais do capitalismo, do Estado moderno e das identidades nacionais e regionais.

Tamanha é a apropriação da Idade Média no debate contemporâneo que nos esquecemos de que ela é, antes de mais nada, uma convenção cronológica construída posteriormente ao período medieval. Os homens que viveram entre os séculos X e XV não acreditavam estarem vivendo na "Idade Média". Nos livros escritos naquele período, os autores utilizavam como parâmetro de datação a criação do mundo de acordo com o Antigo Testamento ou, ainda, com o nascimento do Cristo. Por exemplo, o historiador Gregório de Tours, bispo da cidade de mesmo nome, na conclusão de sua obra *Os dez livros de história*, afirma que desde a criação do mundo até o ano de 594 teriam transcorrido 5814 anos. Autores como ele não tinham a percepção de que estariam vivendo em tempos intermediários, mas de que estavam se aproximando do dia do Juízo Final.

Em boa parte dos livros didáticos atuais, a Idade Média é definida como o intervalo da história da Europa compreendido entre os séculos V e XV, ou seja, entre o declínio do Império Romano do Ocidente e o Renascimento, e que se dividiria em três subperíodos: a Alta Idade Média, entre os séculos V e X; a Idade Média Central, entre os séculos XI e XIII; e a Baixa Idade Média (ou Idade Média Tardia), entre os séculos XIV e XV. Essas subdivisões variam de acordo com o país de publicação dos livros.

Os acontecimentos escolhidos como marco inicial do período medieval também variam bastante: para a maioria dos historiadores, a queda de Roma, em 476, marcaria o início do período medieval; para outros, teria sido a publicação, pelo imperador Constantino, em 312, de um edito que transformou o cristianismo em religião legal no Império Romano. Há, ainda, quem prefira o ano de 392, data na qual foi publicado o Edito de Teodósio, que fez do cristianismo a religião oficial do Império; ou ainda o saque de Roma pelos visigodos, em 410. Quanto ao acontecimento que marcaria o final desse período, a maioria prefere a queda de Constantinopla, em 1453, outros, o término da Guerra dos Cem Anos, também em 1453; a chegada de Cristóvão Colombo à América, em 1492; o início da dinastia Tudor, na Inglaterra, em 1485; ou, ainda, 1517, com o início da Reforma Protestante. Visto desse ângulo, o Medievo é uma convenção cronológica que, assim como a Antiguidade, a era moderna ou a época contemporânea, serve para classificar, ordenar e, sobretudo, tornar inteligível a história da Europa.

Por outro lado, quando acompanhamos a história da noção de Idade Média, desde a primeira vez em que ela surgiu até a época contemporânea, vemos que essa ferramenta de classificação e de ordenamento do tempo é também o resultado das visões dos seus autores a respeito das sociedades em que viviam e das relações destas com o passado. Por exemplo, embora seja uma invenção de historiadores europeus para designar, sobretudo, o que seria uma das etapas da história desse continente, a Idade Média também foi utilizada para se referir às histórias da África, da América e da Ásia, regiões sob a influência política, militar, econômica e cultural da Europa. Compreender o processo de "fabricação" da Idade Média permite entender os usos do termo ao longo da história e, também, as relações das sociedades com o passado. Desde o início, a noção de Idade Média se descolou da convenção cronológica que ela estava destinada a representar, tornando-se um conceito, o receptáculo de ideias contemporâneas sobre o passado.

É a partir do século XVII que a expressão "Idade Média" começou a ser utilizada de maneira recorrente pelos historiadores. O historiador Christoph (Keller) Cellarius (1638-1707) foi o responsável por consolidar essa expressão para designar um período histórico. É também graças a ele que a divisão tripartite (antigo, medieval, moderno) começou a ganhar corpo entre os historiadores. Outra novidade do século XVII foi o surgimento do conceito de *féodalité* (feudalidade), que servia para descrever o estado da sociedade inaugurado durante a Idade Média. Esse conceito passou a ser usado sistematicamente por juristas e filósofos iluministas, a partir do século XVIII, para designar as relações de dependência com a nobreza e no interior dela, os privilégios desse grupo social e a rígida estrutura hierárquica. Dentro da noção de feudalidade, esses autores incluíam práticas e costumes do século XVIII que pouco ou nada tinham a ver com o período medieval. Os feudos e a vassalagem já não tinham existência concreta na época em que esses autores empregavam a noção de feudalidade. Para eles, todas as características negativas da sociedade em que viviam haviam sido gestadas no período medieval, como as superstições impostas pela Igreja, a servidão e a rígida hierarquia social. Essas características seriam também entraves à plena realização da razão, da liberdade e da igualdade. Voltaire (1694-1778), em seu *Ensaio sobre os costumes e o espírito das nações*, publicado em 1756, ressalta a pobreza material e espiritual do medievo, a barbárie e a superstição que lhe seriam inerentes. Ele destaca, no entanto, a figura de alguns heróis medievais – Maomé, Saladino e Frederico II –, bem como alguns fatos positivos do período: o nascimento da burguesia citadina e sua luta contra o obscurantismo imposto pelo Papado. Esses fatos teriam trazido a Europa ao seu estado atual de civilização, embora a opinião global do autor sobre a Idade Média fosse das mais pessimistas.

A FABRICAÇÃO DA IDADE MÉDIA **145**

Para Voltaire, como para os autores da época do Renascimento, o verdadeiro marco temporal da Idade Média são as invasões bárbaras. Mas, para ele, o poder da Igreja que teria principalmente impedido o florescimento das artes no período medieval. O que tornaria a Idade Média o amontoado "de crimes e de loucuras e de infelicidades", ao qual o autor faz referência, são exatamente os defeitos que, à sua época, seriam remediados pela razão: as superstições e a ignorância.

Edward Gibbon, autor de *Declínio e queda do Império Romano*, publicado em seis volumes entre 1776 e 1789, compartilhava o mesmo pessimismo dos autores iluministas em relação à Idade Média e, sobretudo, em relação à Igreja. Há um mesmo sentimento anticlerical nas obras desses autores. A originalidade de Gibbon foi ter desenvolvido o tema do declínio, associado às invasões bárbaras, à ação da Igreja e ao destino no Império Romano do Oriente. O contraste que o autor apresenta, na conclusão de sua obra, entre a Roma na época do seu esplendor e a Roma repleta de ruínas, na qual o Fórum Romano havia se convertido em campo de cultivo de legumes e de pastagem para bois e porcos, dá a exata medida do que representa o período por ele descrito em sua obra: uma época de conflitos, de divisões, de desordens. Gibbon e seus contemporâneos do século XVIII, profundamente anticlericais, não nutriam o otimismo que os autores do Renascimento tinham diante de uma Roma coberta de igrejas e de monumentos religiosos. Não são esses monumentos que chamam a sua atenção, mas as ruínas dos monumentos antigos, muitas vezes pilhados para a obtenção de materiais a serem utilizados na construção das igrejas e dos palácios renascentistas. Gibbon afirma claramente que foi entre as ruínas do Capitólio que ele, pela primeira vez, concebeu a ideia de escrever seu livro. A queda do Império Romano é apresentada por ele como a maior e mais espantosa cena da história da humanidade.

A decadência de Roma não é, propriamente falando, uma invenção dos modernos. Santo Mazzarino, em uma obra de 1959, *O fim do mundo antigo*, mostrou que os romanos da época da República, e mesmo os autores cristãos do início de nossa era, já a haviam evocado. De acordo com Mazzarino, a novidade com Gibbon está na percepção de que o declínio pertence ao domínio da ordem e das escolhas humanas, e não a um desígnio provi-

# 146 HISTÓRIA MEDIEVAL

dencial. O tema da decadência associado à Idade Média foi incansavelmente retomado pelos autores dos séculos XIX e XX. Não podemos subestimar o sucesso dessa abordagem. O número de fatores que explicariam essa decadência é tão abundante quanto o número de obras escritas sobre o tema.

Na década de 1980, foi feito um balanço do número de teses que explicariam a queda de Roma (e o início da Idade Média), o qual chegou ao número de 230! Esse mesmo balanço feito hoje chegaria a um número bem maior, não apenas porque o tema da queda de Roma atrai os especialistas em Humanidades – o que é indiscutível –, mas, sobretudo, porque a época contemporânea é fascinada pelo tema da decadência e da crise. E o período medieval se adapta perfeitamente a essa fascinação, pois seus marcos cronológicos fundamentais, seu início e seu fim, correspondem a crises: a crise do século III e a crise do século XIV. As amplitudes dessas crises foram questionadas nos últimos anos por historiadores e arqueólogos, mas é pouco provável que a Idade Média existisse tal como a conhecemos sem que essas crises tivessem assumido a proporção que assumiram nas obras dos autores dos séculos XIX e XX.

Para citar apenas um dos diversos exemplos possíveis, podemos recorrer a Max Weber e a seu ensaio intitulado "As causas sociais do declínio da cultura antiga", de 1896. Para Weber, a causa determinante da decadência da cidade (elemento central da cultura antiga) seria a política financeira do Estado. O resultado teria sido o predomínio de uma economia natural (em que as moedas não tinham mais papel econômico relevante), dos senhores de terras e da ruralização da civilização. Muitos serão os historiadores que, ao longo do século XX, descreverão a Idade Média, pelo menos até o século XII, como uma civilização agrária e uma economia natural.

A partir do final do século XVIII, em uma reação às posturas iluministas, a Idade Média assumiu pela primeira vez uma feição positiva nas reflexões de autores europeus. A Idade Média aparece, então, como depositária das raízes nacionais e regionais, das fábulas, de todo o repertório de tradições, orais e escritas, que teriam dado origem às modernas nações europeias. Justus Möser (1720-1794), um jurista e historiador nascido na cidade de Osnabrück, atual Alemanha, realizou uma dura crítica do determinismo geográfico dos iluministas, que supunha que as características das sociedades dependeriam das condições climáticas e geográficas dos espaços onde elas estavam estabelecidas. Segundo ele, cada povo seria uma individualidade histórica, uma criação original, com um patrimônio espiritual expresso na língua, nos costumes e no direito. O mérito dos povos germânicos teria sido o de saber conciliar individualismo e solidariedade coletiva. A peça *Guilherme Tell*, do poeta e escritor Friedrich Schiller (1759-1805), retrata a saga de um herói que representa a liberdade contra a opressão – tema, a princípio, caro aos adeptos do Iluminismo. Mas a peça é, sobretudo, um libelo em defesa das tradições regionais e populares contra o opressor estrangeiro, tema caro aos autores românticos.

Havia, entre os autores do Romantismo, uma visão globalmente positiva sobre a Idade Média, mas, como seus predecessores do Século das Luzes, eles manifestavam grande desconfiança em relação ao cristianismo. Os mais ardentes germanistas no seio das correntes românticas consideravam que, ao longo da Idade Média, e graças à sua conversão ao cristianismo, os povos germânicos teriam perdido sua originalidade. O tema da corrupção dos germânicos pelo contato com os romanos ou pela ação do cristianismo é recorrente no Romantismo alemão. Encontramos eco dessa ideia na noção de comunismo primitivo, elaborada por Karl Marx (1818-1883). Marx não tinha interesse pela Idade Média, seu foco era a sociedade industrial de sua época. Contudo, ele acabou dedicando algumas páginas de um texto pouco conhecido, *Formações econômicas pré-capitalistas*, ao estudo das formas que precederam o capitalismo. Sua visão sobre o período medieval é marcada pela leitura de historiadores alemães de seu tempo, que acreditavam na existência, entre os antigos germânicos, de um modo de organização social com base na divisão do trabalho e na existência de uma propriedade coletiva da terra. Essa idealização da comunidade germânica de guerreiros acabou fornecendo a Marx a matéria-prima de seu conceito de comunismo primitivo. Ele descreve as antigas tribos germânicas como comunidades que desconheciam a propriedade privada da terra e de outros meios de produção, e nas quais o fruto do trabalho também era dividido. Por causa das relações das tribos germânicas com o Império Romano, o igualitarismo germânico ter-se-ia enfraquecido, cedendo lugar a uma sociedade de classes, com propriedade privada e hierarquias sociais. As escavações arqueológicas levadas a cabo nas últimas décadas, bem como as análises documentais dos supostos vestígios dessas comunidades, mostram que se trata de uma construção de historiadores alemães do século XIX.

148 HISTÓRIA MEDIEVAL

A maior contribuição de Marx à ideia de Idade Média é a associação com o "Feudalismo". Para Marx, o Feudalismo é um modo de produção, conjunto de relações de produção e de forças produtivas, que nasceu do esfacelamento do modo de produção escravista e que se baseava na exploração por parte dos senhores de terras do excedente da produção camponesa. A noção de modo de produção feudal fez um sucesso imenso entre os historiadores ao longo do século XX. Em alguns livros didáticos, o capítulo ou unidade referente à Idade Média começa com a formação do Feudalismo – que teria ocorrido a partir do século III – e se conclui com a crise dele, localizada por esses autores no século XIV. Visto dessa forma, o Feudalismo equivaleria ao período medieval em sua totalidade. Essa herança do século XIX vem sendo colocada em xeque nos últimos anos, a ponto de alguns autores afirmarem que o Feudalismo tem um significado unicamente jurídico, servindo apenas para regulamentar as relações no seio de uma parte das elites agrárias na região em torno de Paris e no sul da Inglaterra entre os séculos XI e XIII. A questão do Feudalismo foi abordada com mais detalhes no capítulo "A dominação senhorial" deste livro.

A maior e mais duradoura contribuição do Romantismo às pesquisas acadêmicas sobre o período medieval são os *Monumenta Germaniae Historica* (MGH ou Monumentos da História Germânica), coleção publicada pelo instituto de mesmo nome, fundado em Hanôver, em 1819, pelo barão Heinrich Friedrich von Stein (1757-1831). O principal objetivo dos MGH era promover a edição e a publicação de todas as fontes primárias da história dos povos germânicos, desde o ano 500 d.C. até o ano de 1500. O que os editores da coleção entendiam como "história dos povos germânicos" compreendia todos os espaços que haviam sido governados por "povos germânicos", mas também aqueles pelos quais, na opinião dos editores, eles tinham passado em suas andanças pelas terras do Império Romano. Assim, as centenas de volumes publicados, desde 1826 até 2015, incluem fontes não só da Germânia, mas também da Gália, da península itálica da península ibérica, das ilhas Britânicas e do norte da África. Trata-se da maior coleção de edição de fontes do período medieval, indispensável para a maioria esmagadora dos pesquisadores, sejam eles historiadores, filólogos, filósofos etc. A divisa da coleção, *Sanctus amor patriae dat animum* (O santo amor da pátria nos dá ânimo), é um claro indicador da associação do projeto dos MGH com o nacionalismo germânico do século XIX.

Divisa da Coleção *Monumenta Germaniae Historica*.

Tornou-se um hábito em nossos cursos de graduação a crítica aos chamados historiadores positivistas do século XIX e ao que seria a visão simplista deles sobre a História, desprezando os processos e privilegiando os acontecimentos, narrativas lineares em detrimento de narrativas complexas, grandes personagens em detrimento dos atores coletivos, batalhas e relatos de chancelaria em vez de história das sociedades. Essa crítica se deve, em boa parte, à contraposição que costumamos fazer entre, por um lado, a Nova História dos historiadores franceses e, por outro, a Velha História do século XIX. Por mais que as diferenças entre ambas sejam importantes e numerosas, e que a chamada "Nova História" tenha trazido consigo mudanças consideráveis e positivas para os historiadores (por exemplo, ampliando seus objetos de estudo), essa contraposição é, via de regra, artificial e desconsidera um fato que os próprios criadores da Nova História reconheciam: a erudição dos historiadores do século XIX e a crítica documental realizada por eles, que permitiram em boa medida a revolução historiográfica do século XX.

Além de sua contribuição erudita ao estudo do período medieval, o século XIX também marcou a consolidação do medievalismo, o culto ao período medieval, aos seus valores culturais, históricos e arquitetônicos. Um dos melhores exemplos dessa corrente é o movimento de preservação do patrimônio arquitetônico que se desenvolveu na França a partir de 1830 e que teve como feitos mais importantes as restaurações da basílica de Vézelay, da catedral de Notre-Dame de Paris e da cidadela de Carcassonne. Restaurações que também suscitaram polêmicas, uma vez que os arquitetos responsáveis pelos trabalhos acabaram acrescentando aos monumentos características que eles acreditavam ser parte constitutiva da arquitetura e da arte medievais. Além disso, os principais "heróis medievais" redescobertos graças ao medievalismo, tais como Joana d'Arc ou o rei Artur, serviam aos propósitos das sociedades contemporâneas. O renascimento arturiano no século XIX fez do personagem um *gentleman*, portador de uma ética cavaleiresca que era a representação da moral da Inglaterra vitoriana. Joana d'Arc, no século XIX, era, para a esquerda francesa, uma jovem do povo abandonada pelo rei e queimada pela Igreja; para a direita, uma santa, a encarnação de uma heroína nacional.

Um dos melhores exemplos do "casamento" entre o Romantismo e a História no século XIX está na obra do historiador francês Jules Michelet (1798-1874). Ele foi um autor controverso, idolatrado por uns, acusado por outros de ter propagado vários mitos em seus livros – entre eles, a ideia de que as populações europeias ficaram aterrorizadas com a aproximação do Ano Mil, pois acreditavam tratar-se do fim do mundo. Vimos, no capítulo "A dominação senhorial", como essa ideia foi posta em xeque ao longo do século XX. No entanto, é inegável a contribuição de Michelet para a construção de um romance nacional da história da França, no qual o período medieval tem um papel preponderante. Sua visão sobre esse período, como bem mostrou Jacques Le Goff, é bastante ambivalente, evoluindo ao longo da vida do autor: há, por um lado, uma "bela Idade Média", visível nos seis volumes de sua *História da França*, redigidos entre 1833 e 1844, que aparece como matriz fundadora do mundo moderno, e na qual o cristianismo é apresentado como uma força positiva da história, fermento de liberdade para os mais humildes e para os oprimidos: "A Igreja era então o domínio do povo [...] O culto era um diálogo suave entre Deus, a Igreja e o povo, exprimindo o mesmo pensamento." A partir de 1855, sua posição mudou radicalmente. No prefácio aos tomos VII e VIII de sua *História da França*, dedicados ao Renascimento e à Reforma, a Idade Média é sombria, negativa. Michelet procura explicar a razão dessa mudança – o que havia sido escrito anteriormente corresponderia ao ideal que a Idade Média tinha de si mesma, enquanto os

A FABRICAÇÃO DA IDADE MÉDIA  *151*

textos posteriores corresponderiam à realidade: "O que escrevemos naquele momento é tão verdadeiro quanto o ideal que a Idade Média se deu. E o que mostramos aqui é sua realidade revelada por ela mesma." A Igreja não é mais associada às ideias de liberdade, de povo e de poesia: "Atravessei dez séculos de Idade Média cego pelas lendas, confundido pela escolástica, fraco em minhas admirações juvenis pela esterilidade desse mundo onde o espírito humano tanto jejuou que emagreceu." Diante daquilo que teria sido concretizado pelos modernos, a Idade Média teria aparecido ao autor "tal como ela era". Seu anticlericalismo faz com que associe o período medieval ao obscurantismo, ao que ele chama de terrorismo da Igreja.

Na segunda metade do século XIX, a Idade Média foi o principal terreno da oposição entre França e Alemanha. Historiadores de ambos os países buscaram entre os séculos V e XV o berço de suas respectivas nações. Para os historiadores franceses, as invasões bárbaras provocaram o colapso do mundo romano e da civilização. Com a queda do Império Romano do Ocidente, em 476, a *res publica* (coisa pública), a encarnação suprema do ideal político da Antiguidade, teria cessado de existir, levando com ela as instituições políticas, o Direito e a ideia de que o poder serve para atender às aspirações coletivas. Os reinos bárbaros que teriam tomado o lugar do Império Romano se fundamentariam unicamente na violência e na vontade dos soberanos. Esses reinos nada mais seriam do que a propriedade dos conquistadores, e os seus habitantes estariam submetidos à "tirania germânica". Os bárbaros seriam incapazes de compreender as abstrações ou o refinamento dos conceitos e das práticas da política romana. Para muitos historiadores franceses, no entanto, os francos, aliados aos habitantes romanos da Gália, teriam mantido as tradições e as instituições romanas. A França seria, assim, a herdeira de Roma e de sua grandeza. Ao se aliarem aos galo-romanos e serem por eles civilizados, os francos teriam tido sucesso onde outros povos bárbaros teriam falhado: construir um reino e depois um império, ao mesmo tempo, duradouros e dignos sucessores do Império Romano.

O melhor exemplo desse ponto de vista foi expresso pelo historiador Numa Denis Fustel de Coulanges (1830-1889), titular da primeira cadeira de História Medieval da Universidade de Sorbonne. Por volta de 1869, ele

## 152 HISTÓRIA MEDIEVAL

foi convidado pelo então imperador francês, Napoleão III (1808-1873), a dar aulas de História da França para a imperatriz Eugênia (1826-1920). As anotações dessas aulas foram publicadas após a morte de Fustel de Coulanges, sob o título de *Lições à imperatriz sobre as origens da civilização francesa* (1930). Um dos trechos desse livro resume muito bem a ideia dominante, naquele momento, entre os historiadores franceses, como veremos a seguir:

---

### AS ORIGENS ROMANAS DA FRANÇA, SEGUNDO FUSTEL DE COULANGES

"Roma criou a administração. Seu sistema administrativo desabou ao mesmo tempo que o Império; mas restaram lembranças, tradições. Um dia, a realeza franca recuperou essas lembranças e essas tradições e começou a reconstruir pouco a pouco o velho edifício. Devo dizer que a longo prazo ela conseguiu. Quanto às leis romanas, elas nunca desapareceram completamente. É verdade que outras leis, germânicas e feudais, vieram se estabelecer na França, mas sem sufocar as leis romanas. As duas legislações, romana e feudal, viveram lado a lado entre nós durante séculos, inimigas entre elas e não cessando de guerrear. A luta terminou somente em 1789, com a vitória das leis romanas, que predominaram efetivamente e que formam hoje as bases de nosso Código Napoleônico." (FUSTEL DE COULANGES, Numa Denis. *Leçons à l'empératrice sur les origines de la civilisation française*. Paris: Hachette, 1930, pp. 140-1)

---

É interessante observar que o autor opõe duas grandes tradições: de um lado, a romana, com suas instituições e suas leis; de outro, a tradição germânica, que ele associa às leis feudais, que vieram se estabelecer na França pela força das invasões bárbaras. Assim, a história da França seria um longo conflito entre essas duas tradições, que terminaria com a vitória das leis romanas, graças a Napoleão Bonaparte e a seu Código Civil. Embora esteja tratando das origens, é a Europa contemporânea que o autor descreve. As duas tradições às quais ele se refere são a expressão de duas nações, a França e a Alemanha. A Idade Média de Fustel de Coulanges é o cenário da formação de ambos os países, e também de uma luta entre eles que se estenderia até a época contemporânea.

Os historiadores alemães do período tinham uma visão bastante distinta. Para eles, as invasões bárbaras não representavam o ocaso da civilização, mas, ao contrário, a sua regeneração. O Império Romano seria uma entidade corrompida e que havia reduzido os povos da bacia do Mediterrâneo à escravidão. Não corrompidos pela degeneração da civilização romana, os germânicos seriam povos virtuosos cujo maior feito foi a libertação dos povos do Ocidente do domínio da aristocracia romana.

Uma das representações que melhor resume o ponto de vista dos historiadores alemães a respeito das invasões bárbaras é o quadro *Les Romains de la décadence* [Os romanos da decadência, 1847, óleo sobre tela de 466 x 775 cm], do pintor francês Thomas Couture (1815-1879).

Reprodução do quadro de Couture, que mostra os romanos em meio a uma orgia, bêbados, em um cenário que evoca as glórias passadas do Império.

Couture inclui no quadro alguns personagens que assistem à cena, mas sem participar dela. São bárbaros, que observam a tudo com um olhar de reprovação. Fustel de Coulanges escreveu um artigo no qual afirmou que o autor do quadro adotou os argumentos dos historiadores alemães, de que os povos germânicos eram moralmente superiores aos povos romanos.

## 154 HISTÓRIA MEDIEVAL

Contudo, a visão dos historiadores alemães a respeito dos bárbaros tinha, no século XIX, uma nuance importante: uma vez convertidos ao cristianismo, os germânicos teriam sido, a seu turno, corrompidos, inaugurando um período de retrocesso e de decadência da civilização (a Idade Média).

Assim, apesar das diferenças nas abordagens dos historiadores na França e na Alemanha nessa época, havia uma visão negativa sobre o período medieval que lhes era comum. A situação só se alterou de modo significativo nas décadas que se seguiram à Segunda Guerra Mundial, graças ao fim do antagonismo franco-alemão e aos imperativos da construção europeia. Do lado alemão, a glorificação das virtudes guerreiras dos povos germânicos estava, mais do que nunca, associada às crueldades perpetradas pelos Exércitos alemães na Primeira e na Segunda Guerras Mundiais. No que diz respeito aos historiadores franceses, a Alemanha cessou progressivamente de ser associada às invasões bárbaras. Isso abriu o caminho para a cooperação entre os historiadores de ambos os países, com projetos editoriais e de pesquisa comuns, menos marcados pelas fronteiras dos Estados nacionais. Mais importante ainda, os próprios bárbaros passaram a ser vistos com outros olhos: eles não eram mais os destruidores da civilização. Em alguns livros, tornaram-se os ancestrais dos europeus ou mesmo os primeiros artífices da construção europeia. É sintomático, nesse sentido, que o livro do historiador francês Lucien Musset, *Les invasions: les vagues germaniques*, sobre as grandes invasões, publicado originalmente em 1965, tenha recebido um novo subtítulo em sua edição inglesa, de 1975: *The Making of Europe* [A fabricação da Europa].

Entre os historiadores preocupados com a contribuição do período medieval para a formação do mundo contemporâneo, houve uma mudança de enfoque: não se tratou mais de buscar entre os séculos V e XV a origem desta ou daquela nação, mas da própria Europa, entendida como uma homogeneidade cultural e histórica. Essa nova Idade Média europeia servia e serve também para responder às angústias de camadas da população que veem no fluxo de imigrantes, inclusive no atual, uma ameaça à sua identidade. Um exemplo editorial dessa nova ideia de Idade Média foi a publicação, em 2003, de um livro em que o historiador Jacques Le Goff se pergunta se a Europa nasceu na Idade Média (*L'Europe est-elle née au Moyen Âge?*) – questão à qual o autor acaba dando uma resposta afirmativa. Em 2005, o historiador francês Bruno Dumézil apresenta uma tese intitulada *Conversão e liberdade nos reinos bárbaros, séculos V-VIII*. No entanto, no momento de sua publicação, o editor deu a ela o título de *As raízes cristãs da Europa*.

As décadas que se seguiram à Segunda Guerra Mundial foram um período bastante prolífico para os estudos de História Medieval. A chamada Nova História, que trouxe consigo uma renovação metodológica ímpar e uma ampliação sem precedentes dos objetos de estudo dos historiadores (por exemplo, as "mentalidades", o cotidiano, o clima etc.), teve entre os seus principais atores dois medievalistas, Georges Duby e Jacques Le Goff. Este último, aliás, propôs uma nova periodização para a Idade Média, que iria do século V ao século XVIII, uma "longa Idade Média". Ainda que os estudos sobre as mentalidades e o imaginário tenham recuado nos últimos anos, e que a noção de "longa Idade Média" tenha caído em desuso entre os historiadores, é inegável a contribuição da Nova História para as reflexões sobre o período medieval.

Gostaria de concluir este capítulo chamando a atenção do leitor para algo que busquei destacar nas páginas anteriores: por mais que se refira a um período recuado do passado, que, segundo a maior parte das opiniões correntes entre os historiadores, encerrou-se há mais de 500 anos, a Idade Média é algo profundamente atual. Na verdade, desde que a expressão surgiu, ela nunca deixou de sê-lo. Entender as diversas noções de Idade Média nos permite conhecer mais as sociedades que as elaboraram do que as sociedades sobre as quais essas noções se projetam.

## SUGESTÕES DE LEITURA

BULL, Marcus. *Thinking Medieval*: an Introduction to the Study of the Middle Ages. New York: Palgrave McMillan, 2005.

DELOGU, Paolo. *Introduzione allo studio della storia medievale*. Bolonha: Il Mulino, 1994.

GIBBON, Edward. *Declínio e queda do Império Romano*. Edição abreviada. São Paulo: Companhia das Letras, 1989.

MAZZOCO, Angelo (Ed.). *Interpretations of Renaissance Humanism*. Leiden/Boston: Brill, 2006.

MCLAUGHLIN, Martin. "Humanists Concepts of Renaissance and Middle Ages in the Tre and Quattrocento". *Renaissance Studies. A Tribute to Denys Hay*. v. 2, n. 2, 1988, pp. 131-42.

MICHELET, Jules. *A agonia da Idade Média*. São Paulo: Educ, 1991.

SERGI, Giuseppe. *L'idea di medioevo*: fra storia e senso commune. Roma: Donzelli Editora, 2005.

# Leituras complementares

## OBRAS DE REFERÊNCIA

CHARLE, Christophe; ROCHE, Daniel (Orgs.). L'Europe. Encyclopédie Historique. Arles: Actes Sud, 2018.
GAUVARD, Claude; LIBERA, Alain de; ZINK, Michel. *Dictionnaire du Moyen Âge*. Paris: PUF, 2002.
LE GOFF, Jacques; SCHMITT, Jean-Claude. *Dicionário temático do Ocidente medieval*. 2 v. Bauru: Edusc, 2002.

## LIVROS E ARTIGOS

ALMEIDA, Néri; CÂNDIDO DA SILVA, Marcelo (Orgs.). *Poder e construção social na Idade Média*. Goiânia: Editora UFG, 2012.
\_\_\_\_; NEMI, Ana; PINHEIRO, Rossana (Orgs.). *A construção da narrativa histórica*: séculos XIX e XX. Campinas: Editora da Unicamp/Leme, 2013.
\_\_\_\_; MOURA, Eliane (Orgs.). *Missão e pregação*: a mensagem religiosa entre a História da Igreja e a História das Religiões. São Paulo: Fap-Unifesp, 2014.
BENITO I MONCLÚS, Pere (Ed.). *Crisis alimentarias en la Edad Media*: modelos, explicaciones y representaciones. Lleida: Milenio, 2013.
BOUREAU, Alain. *Satã herético*: o nascimento da demonologia na Europa medieval. Campinas: Editora da Unicamp/Leme, 2016.
BOVO, Claudia. "El tiempo en cuestión: ubicar la Edad Media en la actualidad". *Revista Chilena de Estudios Medievales*. Santiago, v. 11, 2017, pp. 134-55.
BOY, Renato. "A construção de uma narrativa: os olhares de Procópio de Cesareia sobre as guerras de Justiniano". *Revista de Teoria da História*. Goiânia, n. 13, abr./2015, pp. 125-43.
COELHO, Maria. *Expresiones del poder feudal*: el Císter femenino en León (s. XII y XIII). León: Universidad de León, 2006.

FERNANDES, Fabiano. "Insurreições urbanas e ritos públicos em fins do século XIV. As relações políticas e simbólicas nas cerimônias de punição às cidades na França medieval". *Anos 90*. Porto Alegre, v. 21, 2014, pp. 333-61.

FRANÇA, Susani. *Mulheres dos outros*: os viajantes cristãos nas terras a oriente (séculos XIII-XV). São Paulo: Editora Unesp, 2015.

GILLI, Patrick. *Cidades e sociedades urbanas na Itália medieval, séculos XII-XIV*. Campinas: Editora da Unicamp/Leme, 2011.

JEHEL, Georges; RACINET, Philippe. *La ciudad medieval. Del Occidente cristiano al Oriente musulmán (siglos V-XV)*. Barcelona: Omega, 2000.

LAUWERS, Michel. *O nascimento do cemitério*: lugares sagrados e terra dos mortos no Ocidente medieval. Campinas: Editora da Unicamp/Leme, 2015.

MAGALHÃES, Ana Paula. *Os franciscanos e a Igreja na Idade Média*: a "Arbor vitae crucifixae Iesu" de Ubertino de Casale. São Paulo: Intermeios, 2016.

MIATELLO, André. *Santos e pregadores nas cidades medievais italianas*: retórica cívica e hagiografia. Belo Horizonte: Fino Traço, 2013.

PEREIRA, Maria Cristina. *Pensamento em imagens*: montagens topo-lógicas no claustro de Moissac. São Paulo: Intermeios, 2016.

PEREIRA, Nilton; ALMEIDA, Cybele; TEIXEIRA, Igor (Orgs.). *Reflexões sobre o medievo*. São Leopoldo: Oikos, 2009.

RUST, Leandro. *A reforma papal (1050-1150)*. Cuiabá: EDUFMT, 2013.

SALLES, Bruno. "Os templários, o feudalismo e o senhorio: perspectivas da pesquisa e do ensino de história medieval". *Revista Chilena de Estudios Medievales*. Santiago, v. 11, 2017, pp. 16-43.

SILVA, Andréia Frazão da (Org.). *Hagiografia & História*: reflexões sobre a Igreja e o fenômeno da santidade na Idade Média Central. Rio de Janeiro: HP Comunicação, 2008.

TEIXEIRA, Igor. *A Legenda Aurea de Jacopo de Varazze*: temas, problemas, perspectivas. São Leopoldo: Oikos, 2015.

____ ; BASSI, Rafael (Orgs.). *A escrita da história na Idade Média*. São Leopoldo: Oikos, 2016.

ZERNER, Monique (Org.). *Inventar a heresia?* Discursos polêmicos e poderes antes da Inquisição. Campinas: Editora da Unicamp/Leme, 2009.

**GRÁFICA PAYM**
Tel. [11] 4392-3344
paym@graficapaym.com.br